Christian Mietz

Tauchreiseführer Malaysia

Christian Mietz

Tauchreiseführer Malaysia

Tauchregionen
Tiere und Pflanzen, Reisetips

Naturbuch Verlag

Umschlagfoto(s): Wolfgang Nagel,
Christian Mietz

Foto auf Seite 2: Dr. Klaus Becker

Die Deutsche Bibliothek – CIP-Einheitsaufnahme

Mietz, Christian:
Tauchreiseführer Malaysia : Tauchregionen, Tiere und Pflanzen,
Reisetips / Christian Mietz. – Augsburg : Naturbuch-Verl., 1995
  ISBN 3-89440-139-7
NE: HST

Gedruckt auf chlorfrei gebleichtem Papier.

Naturbuch Verlag
© 1995 Weltbild Verlag GmbH, Augsburg
Alle Rechte vorbehalten
Karten: Natalia Zurakowska
Satz und Layout: Gesetzt aus 9/11 P. Stone Sans von
Ruth Bost, Weltbild Verlag Augsburg
Umschlaggestaltung: Peter Engel, Grünwald
Reproduktionen: Colorline, I-Verona
Druck und Bindung: Interdruck Graphischer Großbetrieb GmbH
Printed in Germany

ISBN 3-89440-139-7

Inhaltsverzeichnis

Einleitung

Malaysia ist eines der faszinierendsten Reiseländer Südostasiens. Es begeistert die Besucher durch die Vielfältigkeit seiner unterschiedlichsten Naturräume und die freundlich aufgeschlossene Mentalität der Menschen.

Auf den ersten Blick scheint Malaysia von einem dichten, grünen Urwald überzogen zu sein. Beim Landeanflug auf die Hauptstadt Kuala Lumpur schweift der Blick aus dem Flugzeug über scheinbar endlos ausgedehnte Waldgebiete. Bei näherer Betrachtung erweist sich Malaysias Natur jedoch als sehr abwechslungsreich, obwohl der Raubbau am Primärwald während der Kolonialzeit deutliche Spuren hinterlassen hat, und große Teile der Waldgebiete sich bei näherem Hinsehen lediglich als Nutzholzplantagen entpuppen. Heute stehen die meisten der noch vorhandenen ungestörten Lebensräume unter Schutz. Malaysia praktiziert damit einen für diese Region einmalig zu nennenden Naturschutz, zumal auch versucht wird, Belange des Tourismus und der Naturschützer miteinander zu vereinbaren. Es stellt sich jedoch die Frage, ob sich dieses Konzept langfristig bewähren wird.

In Malaysia existieren verschiedenste Religionen und Glaubensrichtungen friedlich nebeneinander. Das Land stellt gewissermaßen einen religiösen und kulturellen Schmelztiegel dar. Im Laufe der Geschichte siedelten hier Inder und Chinesen, die das ohnehin fernöstlich geprägte, buntschillernde Bild Malaysias noch vielfältiger erscheinen lassen.

Noch bis vor wenigen Jahren war Malaysia vom Schleier des Geheimnisvollen umgeben. Europäische Touristen wußten nur wenig von dem Land, das unmittelbar an das beliebte Reiseziel Thailand angrenzt. Ein Grund hierfür mag sicherlich in der geographischen Aufteilung in West- und Ostmalaysia liegen. Borneo war durchaus ein Begriff, doch daß es mit den zwei Sultanaten Sabah und Sarawak zum Staat Malaysia gehört, war wiederum weniger bekannt.

Die Kolonialmächte, die das Land entschieden prägten, begünstigten die Ansiedlung von Industrie an der Westküste der Halbinsel und bescherten ihr damit eine gut entwickelte Infrastruktur. Die Ostküste Westmalaysias präsentiert sich dagegen noch heute ländlicher und ist wesentlich stärker von traditionellen Strukturen geprägt. Erdölfunde im Gebiet um Kuantan an der Ostküste, die erst vor wenigen Jahren gemacht wurden, bewirkten in dieser Region einen schnellen wirtschaftlichen Aufschwung.

Unterstützung des Tourismus von Seiten des Staates ist in Malaysia eine relativ junge Erscheinung. Kuala Lumpur und Penang sind schon seit vielen Jahren – insbesondere bei den einstigen Kolonialherren – beliebte Reiseziele. Die heute bekannten Destinationen des Landes wurden erst sehr viel später für die europäischen Gäste erschlossen. Das zunehmende Interesse an der Natur Malaysias brachte schließlich auch die Taucher auf den Plan. Ausgehend vom Nachbarland Singapore, erlangten die vielen einzigartigen tropischen Korallenlandschaften schnell Berühmtheit. Diese Begeisterung wurde von Tauchern aus Europa in die ganze Welt getragen.

Tauchen ist in Malaysia eine der jüngsten Sportarten. Noch immer werden neue Korallenriffe und Tauchgründe entdeckt. Unberührte Rifflandschaften verdeutlichen eindrucksvoll, welche Schönheiten die Natur hervorzubringen in der Lage ist, und mit welcher Farben- und Formenvielfalt sie sich unserem Auge präsentieren kann. Aber nicht nur das oberflächliche Betrachten dieser Wunder, sondern vielmehr das Begreifen der Zusammenhänge innerhalb solch komplexer Lebensgemeinschaften ermöglicht es uns, etwas zu ihrem Erhalt beizutragen. Der Mensch ist ein Teil der Natur – sollen auch kommende Generationen sich noch an der Vielfalt der Lebensräume und Tier- und Pflanzenarten erfreuen können, ist ein bewußter Umgang mit ihr zwingender denn je. Der »Tauchreiseführer Malaysia« dokumentiert deshalb nicht nur die Schönheiten der Unterwasserwelt, sondern richtet darüber hinaus den Blick auf die Natur an Land und auf Probleme des Umweltschutzes. Verständnis für die Schutzbedürftigkeit natürlich gewachsener, unersetzbarer Lebensräume zu wecken, ist das größte Anliegen dieses Buches!

Tauchen an tropischen Riffen

Vor nunmehr gut 50 Jahren wagte Hans Hass mit Tauchermaske, Schnorchel und Flossen ausgerüstet die ersten Blicke unter die Wasseroberfläche tropischer Meere. Was er dort sah, faszinierte ihn so sehr, daß er sich fortan der Erforschung der »neuen, schweigenden Welt«, wie er sie nannte, widmete. Nie jedoch hätte sich der Tauchpionier träumen lassen, welche Begeisterung er mit seinen Berichten über die Schönheiten tropischer Korallenriffe auslösen würde. Heute gibt es fast überall auf der Welt Tauchbasen, die vielen Menschen den Blick in die farbenprächtige Unterwasserwelt ermöglichen. Der Tauchsport ist heutzutage durch technische Neuerungen und umfangreichere Erkenntnisse in

Schwereloses Schweben im dreidimensionalen Raum

der Ausbildung sicherer und schon fast zum Breitensport geworden. Die zunehmende Beliebtheit hat einen beständig anhaltenden Boom ausgelöst. Mit besonderem Augenmerk verfolgen auf der anderen Seite viele Naturschützer diese Entwicklung, denn überall, wo viele Menschen ihrem Freizeitvergnügen nachgehen, muß unter dem Aspekt der Naturbelastung Vorsicht geboten sein.

Da insbesondere die Korallenriffe sehr lange Regenerationsphasen haben, sollen diesem Buch einleitende Kapitel über den Tauchsport vorangestellt werden. Wer selbst einmal die Schönheiten intakter tropischer Rifflandschaften gesehen hat und sich der Schutzbedürftigkeit dieser natürlich gewachsenen Zauberwelt bewußt geworden ist, versteht, warum die fundierte Ausbildung und eine funktionsfähige Ausrüstung die wichtigsten Voraussetzungen nicht nur für die eigene Sicherheit sondern auch für umweltgerechtes Tauchen darstellen. Je mehr Taucher in »Neptun´s Reich« eindringen, um so wichtiger werden die Tauchvoraussetzungen des Einzelnen. Auf der anderen Seite trägt aber auch gerade die Begeisterung der vielen Tauchsportler zur Erhaltung tropischer Unterwasserlandschaften bei, wenn sie wieder heimkehren und Freunden von ihren Erlebnissen und Eindrücken berichten.

Ausbildungsmöglichkeiten

Die überwiegende Anzahl der Tauchschulen in Malaysia bietet dem tauchinteressierten Gast neben ihren täglichen Ausfahrten auch die Möglichkeit, die er-

Schnuppertauchgänge bieten die ersten Einblicke

sten Schritte unter Wasser von Grund auf zu erlernen. Das Angebot umfaßt in der Regel die ganze Palette nationaler und internationaler Tauchorganisationen, allen voran PADI und NAUI. Um auch die Urlauber auf den Geschmack zu bringen, die eigentlich nicht zum Tauchen angereist sind, werden verschiedentlich sogenannte »Schnupperkurse« oder »Introductury Courses« angeboten. Diese können ein guter Einstieg zur Vorbereitung auf einen Anfängerkurs sein, wenn die Anzahl der »Schnuppertaucher« auf einen kleinen Kreis und die Einführung auf das Flachwasser beschränkt bleibt. Tauchen Sie aber ohne Zertifikat und fundierte Tauchausbildung nie tiefer als 5 m! In Malaysia gibt es eine ganze Reihe von »Tauchstationen«, die lediglich schon zertifizierte Taucher zu den Riffen hin-

die zeitliche Straffung auf ca. 5–6 Tage, in denen man den Tauchschein erwerben kann.

Der theoretische Teil der Ausbildung vermittelt die grundlegenden Erkenntnisse aus den Gebieten der Tauchphysik, Tauchmedizin, Tauchgangsplanung, Gerätelehre und Erste-Hilfe-Maßnahmen bei tauchspezifischen Unfällen. Ein abschließender schriftlicher Test stellt die Voraussetzung für das Zertifikat dar. In Malaysia findet die Ausbildung jedoch meistens auf Englisch statt. Deutsche Tauchschulen oder angestellte deutsche Tauchlehrer sind nur ganz vereinzelt zu finden (siehe Seiten 138 ff. und 145 ff.). Die Kosten für diese recht intensiven Tauchanfängerkurse liegen in Malaysia zwischen DM 500,— und DM 650,—. Die hierfür gebotenen Leistungen der einzelnen Tauchschulen sind auf den ersten Blick gesehen ziemlich gleich. Un-

ausfahren – manchmal sogar ohne Tauchbegleitung. Wer an so eine Tauchstation gerät, sollte sich vorher genauestens über die Verhältnisse am Tauchplatz erkundigen und den geplanten Tauchgang detailliert mit der Bootscrew absprechen, damit der Blickkontakt nach dem Auftauchen gewährleistet ist. Auch schwache Strömungen tragen die Taucher oft weiter vom Boot weg, als man es vermutet.

Ein Anfängerkurs umfaßt die praktische und theoretische Ausbildung. Sie schließt mit einem Zertifikat zum »Openwater Diver« ab. Im Unterschied zur praktischen Ausbildung im heimischen Hallenbad und den anschließenden Freiwassertauchgängen im nahegelegenen See, finden die Anfängerkurse in Malaysia im allgemeinen in warmen Lagunen statt. Die anschließenden Übungstauchgänge werden dann bereits an tropischen Riffen durchgeführt. Ein weiterer Vorteil der Ausbildung ist

Eine gute Tarierung ist für Unterwasserfotografen besonders wichtig

terschiede finden sich bei genauer Betrachtung in der Art der angebotenen Tauchausrüstung (gibt es Oktopusse an den Lungenautomaten?), der Ausstattung des Tauchschiffes sowie der Art und Anzahl der angebotenen Freiwassertauchgänge (in der Regel sollten es mindestens vier Tauchgänge vom Boot aus sein).

Weiterführende Kurse werden in Malaysia von fast allen Tauchschulen, die auch Openwater-Kurse anbieten, durchgeführt. In der Regel sind dies Advanced-Openwater-Diver, Rescue-Diver und Divemaster-Kurse. Der Divemaster-Kurs erstreckt sich gewöhnlich über einen Zeitraum von 10–14 Tagen, während der »Advanced und der »Rescue« in 3–4 Tagen absolviert werden kann. Finden sich mindestens drei Kandidaten, bieten die PADI- und NAUI-Tauchschulen auch Tauchlehrerassistenten - Lehrgänge an. Die Reihenfolge der Kurse ist bindend und aufeinander aufbauend. Die Kurse sind namentlich von Verband zu Verband unterschiedlich und variieren von den Inhalten leicht. Die Kernpunkte der praktischen und theoretischen Tauchausbildung bleiben dabei im wesentlichen immer die gleichen. Die deutschen Verbände versehen ihre Leistungsstufen gerne mit »Sternchen« oder einer »Bronze-Silber-Gold« Einteilung, während die internationalen Verbände der o.a. Namengebung nachgehen. In allen Kursen werden Grundlagen geschaffen, die auszubauen dann im individuellen Ermessen des Tauchers liegen. Die vermeintlich höchste Anerkennung einzelner Verbände durch die CMAS, dem sogenannten Dach- oder Weltverband, unterliegt eher wirtschaftlichen Aspekten der jeweiligen Geschäftspolitik.

Ausrüstung

Bei genauerer Betrachtung der großen und mittlerweile auch recht bunten Palette der Tauchartikel stellt man schnell fest, daß die Angebotsbreite nahezu unüberschaubar geworden ist. Aufgrund der großen Nachfrage drängen immer mehr Anbieter auf den Markt, und für den Sporttaucher wird die Wahl zur Qual. Wichtigstes Entscheidungskriterium bei der Auswahl der Tauchausrüstung bleibt nach wie vor die Zweckmäßigkeit, die Sicherheit und das eigene Wohlbefinden beim Tauchen.

Neben der ABC-Ausrüstung – Maske, Schnorchel und Flossen – sind Lungenautomat mit Finimeter, Rettungs- und Tarierweste, eine Taucheruhr, Tiefenmesser und eine Dekotabelle die notwendigen Instrumente, um einen Tauchgang sicher planen und durchführen zu können. Bis auf eine Taucheruhr verleihen die Tauchschulen meist alle Ausrüstungsgegenstände direkt vor Ort. Flasche und Blei sind bei den Tauchgängen für gewöhnlich im Preis inbegriffen.

ABC-Ausrüstung

Tauchermaske

Vor dem Kauf einer Tauchermaske sollten einige Dinge beachtet werden. Die wesentlichen Kriterien zur Auswahl von Tauchermasken sind:
– bruchfestes, thermisch entspanntes Glas (tempered glass). Für Brillenträger gibt es speziell eingeschliffene Gläser;
– ein sogenannter »Dichtigkeitstest«, bei dem die Maske ohne Maskenband auf das Gesicht gepaßt wird und beim Ein-

Die einfachsten Schnorchel sind nach wie vor die besten

Wichtigstes Kriterium beim Kauf einer Tauchermaske ist der Dichtigkeitstest

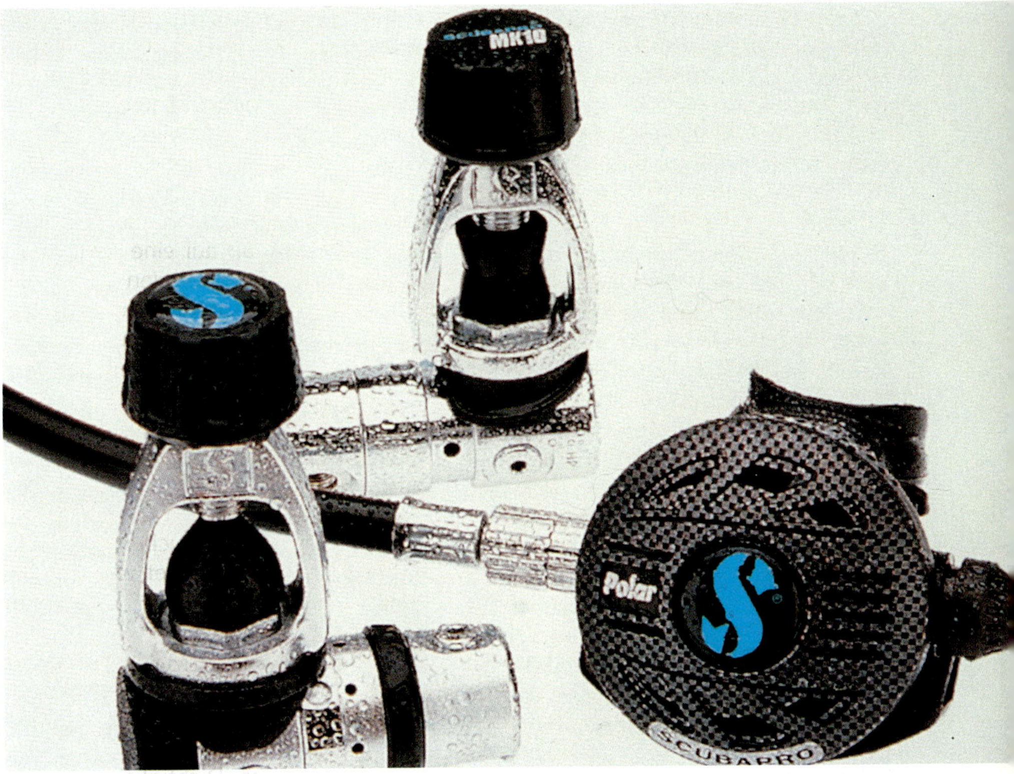

Lungenautomaten zeigen Tauchern den Umgebungsdruck an, den sie zum Atmen unter Wasser benötigen.

atmen durch die Nase am Gesicht haf-
ten bleibt, wobei keine Luft von außen
nachströmen darf;
- ein möglichst kleines Maskenvolumen
(läßt sich besser ausblasen!);
- der Maskenkörper muß die Nase mit
einschließen (Druckausgleich!) und
sollte ein möglichst großes Sichtfeld
haben.

Schnorchel

Die besten Schnorchel sind nach wie vor
die einfachsten. Sie sollten nicht länger
als 35 cm (Ellentest) und dicker als
2,3 cm (Daumentest) sein, um die Gefahr einer Pendelatmung und eines zu
großen Druckunterschiedes zu vermeiden. Ausblasventile zur Erleichterung
des Schnorchelentleerens bilden nur eine unnötige Schwachstelle.

Flossen

Schwimm- oder Tauchflossen unterscheiden sich hinsichtlich ihres Fersen-
teils, das offen oder geschlossen sein
kann. Entscheidungskriterium für den
Einsatz ist die Temperatur des zu betau-
chenden Gewässers und nicht, wie weithin verbreitet, die angebliche Professio-
nalität des Tauchers. In warmen tropischen Gewässern empfehlen sich also
durchaus geschlossene Flossen. Die Här-
te des Flossenblattes sollte dabei dem
persönlichen Trainingszustand angepaßt
sein, weil ein zu hartes Blatt schnell die
Gelenke überbeansprucht und zu Wa-
denkrämpfen führt. Flossen mit Kunst-
stoffblatt halten länger und sind im Gegensatz zu Gummiflossen leichter (Flug-
gepäck!).

TIP: ABC-Ausrüstung aufgrund der Ver-
trautheit mit der Ausrüstung und der sicheren, optimalen Paßgröße immer
selbst mit in den Urlaub nehmen!

Lungenautomat/ Atemregler

Der Lungenautomat reduziert den Fla-
schendruck mittels zwei Stufen auf den
jeweiligen Umgebungsdruck, den ein
Taucher unter Wasser zum Atmen benötigt. Die erste Stufe mindert den Hoch-
druck der Tauchflasche auf einen Mittel-
druck (ca. 10 bar über Umgebungsdruck). Die zweite Stufe regelt dann den
Druck auf den jeweiligen Umgebungsdruck. Aus Sicherheitsgründen haben
die meisten Tauchschulen ihre Lungenautomaten mit einem zweiten Atemreg-
ler, den sogenannten Oktopus, ausgestattet. Der Oktopus soll bei einem Notfall helfen, die Wechselatmung zu erleichtern. Weiterhin ist ein Lungenautomat über einen Hochdruckschlauch mit
einem Finimeter versehen, über den der
Restdruck in der Tauchflasche direkt abgelesen werden kann. In einer Konsole
am Finimeter werden häufig Tiefenmesser, Tauchcomputer oder ein Kompaß
integriert, so daß alle benötigten Daten
bequem mit einem Blick abgelesen werden können. Der vierte und letzte an der
ersten Stufe befindliche Schlauch ist der
Inflatorschlauch, mit dem das Jacket per
Knopfdruck mit Luft angefüllt werden
kann.

TIP zum Lungenautomaten: Wer auch
in kalten Gewässern tauchen möchte,
ist mit einem Lungenautomaten mit
Down-stream-Prinzip gut beraten, um
der Vereisungsgefahr wirkungsvoll ent-
gegenzuwirken.

TIP zur Tauchreise: Wer seinen DIN-Lungenautomaten mit in den Tauchurlaub nimmt, denke an einen Bügeladapter für INT-Anschlüsse. Es gibt in Malaysia auf den Tauchschulen so gut wie keine DIN-Anschlüsse oder Adapter.

Rettungs- und Tarierwesten

In fast allen Ländern ist das Tragen von Rettungs- und Tarierwesten aus Sicherheitsgründen zur Pflicht geworden – so auch in Malaysia! Mit diesen wird unter Wasser der Volumenverlust von Tauchanzügen nachtariert und an der Wasseroberfläche mit voller Weste eine Schwimmhilfe zur Krafteinsparung gewonnen. Bei einer richtigen Anzahl von Bleigewichten gebrauchen Taucher ohne Anzug die Westen lediglich als Rettungswesten und Schwimmhilfe. Für den Notfall müssen die Westen an der Wasseroberfläche eine ohnmachtssichere Lage sicherstellen.

Man unterscheidet Tauchwesten und Stabilizing-Jackets. Erstere sind wegen des aufblasbaren Kragens auch unter dem Namen »Klodeckel« bekannt. Sie werden aus Sicherheitsgründen immer **vor** der Tauchflasche und dem Bleigurt angelegt. Die Stabilizing-Jackets sind bequemer und auch teurer, obgleich sie im wesentlichen die gleichen Funktionen wie die herkömmlichen Tauchwesten aufweisen. Der große Vorteil eines Stabilizing Jackets liegt in der integrierten Tragschale, an der die Tauchflasche befestigt wird. Einzelne Tragschalen mit umständlicher Bebänderung sind heute nur noch auf den wenigsten Tauchschulen verfügbar.

TIP 1: Tauchwesteninhaber sollten sich vorher erkundigen, ob es Tragschalen auf der Tauchschule gibt.

TIP 2: Wer sein Stabilizing-Jacket ohne eigenen Lungenautomaten in den Tauchurlaub mitnimmt, denke an den mitgelieferten Inflatorschlauch, weil leider immer noch nicht alle Marken einheitlich auf die Inflatoranschlüsse fremder Lungenautomaten passen.

Tauchanzüge

Tauchanzüge dienen in erster Linie dem Wärmeschutz. Da die Wärmeleitfähigkeit des Wassers die der Luft um das 25fache übersteigt, kühlt der Körper eines Tauchers auch in tropischen Meeren relativ schnell aus. Das kann selbst durch die warmen Temperaturen der malayischen Gewässer, die – man kann es

Moderne Jackets müssen an der Wasseroberfläche eine ohnmachtssichere Lage gewährleisten

kaum glauben – sogar in Tiefen bis 30 Meter noch 28–30 ˚C betragen, nicht aufgefangen werden. Die meisten Taucher beginnen daher nach etwa 50 Minuten Tauchzeit zu frieren. Wer über einen längeren Zeitraum täglich zwei Tauchgänge absolviert hat, wird in der Regel schon früher ein fröstelndes Gefühl verspüren. Freilich sind diese Erscheinungen recht unterschiedlich und die aus dem »kühlen Europa« angereisten Taucher häufig kälteunempfindlicher. Doch der menschliche Körper gewöhnt sich meist schneller als erwartet an die tropischen Temperaturen. Deshalb ist es durchaus ratsam, einen Tauchanzug nach »Malaysia mitzunehmen. Ein 3 mm »Shorty« (kurze Arme, kurze Beine) gewährleistet für tropische Meere einen ausreichenden Wärmeschutz.

Tauchanzüge helfen außerdem gegen kleine Nesseltiere, die im Meer schon mal vorkommen können (siehe Seite 99). Taucher, die auf diese winzigen, teilweise unsichtbar erscheinenden Plagegeister, sehr empfindlich reagieren, können sich mit einem »Overall« (lange Arme, lange Beine), wirksam gegen sie schützen.

Wer sich vor seinem Urlaub einen Tauchanzug kaufen möchte, für den halten die Tauchartikelhersteller eine große und farbenfrohe Auswahl bereit. Je nach Geldbeutel müssen für die verschiedenen Modelle DM 250,— bis 650,— berappt werden. Darüber hinaus kann der »modebewußte« Taucher sich seinen Tauchanzug sogar maßschneidern lassen. Die wohl bekannteste Adresse in Deutschland ist eine in München ansässige Schneiderin, die sich darauf spezialisiert hat, auch die ausgefallensten Kun-

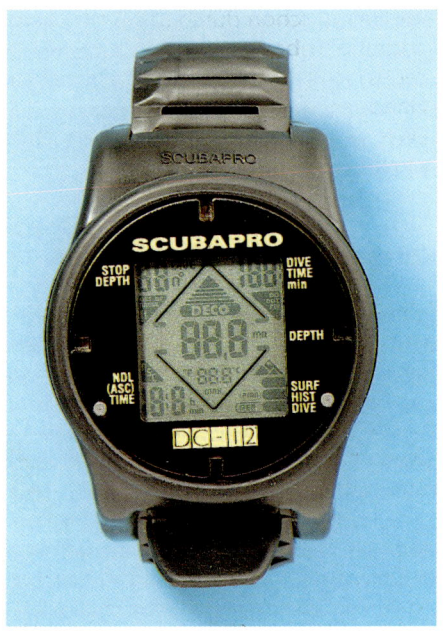

Tauchcomputer ermöglichen es dem Taucher, alle benötigten Daten auf einen Blick abzulesen

denwünsche zu realisieren. Ein weiterer Pluspunkt neben der individuellen Absprache ist gute Qualität: die Tauchanzüge von Margret Mahseli halten ungefähr dreimal länger als die »von der Stange«!

Zwingend notwendige Zubehörteile

Um einen Tauchgang sicher zu planen und durchzuführen, werden neben der bereits aufgeführten Ausrüstung eine Taucheruhr, ein Tiefenmesser und eine Deko-Tabelle benötigt. Die Funktionen – einschließlich der des Finimeter – kön-

nen heute schon durch moderne Tauch-computer übernommen werden. Sie er-setzen das Mitführen des »manuellen Handwerkszeuges« jedoch keineswegs! (Wer immer auf der sicheren Seite taucht, beugt stets dem Ausfall techni-scher Geräte vor!)

Eine Taucheruhr sollte auf eine Wasser-tiefe von mindestens 100 m (besser sind 200 m) wasserdicht sein und einen ra-stenden Stellring mit einer eingelasse-nen Nullmarke haben. Ob der Stellring, wenn er gut rastet, nur nach links dreh-bar sein darf, oder sich auch nach rechts drehen lassen kann, obliegt der indivi-duellen Tauchphilosophie unterschiedli-cher Anbieter.

Ein Tiefenmesser muß im Flachwasser-bereich eine gute Ablesbarkeit und best-mögliche Genauigkeit aufweisen. Frei-lich erwartet man auch, daß er in größe-ren Tiefen keine großen Abweichungen anzeigt. Beste Konstruktionsprinzipien sind Membrantiefenmesser mit einer Ju-stierschraube für den Nullpunkt und elektronische Tiefenmesser mit einem Drucksensor. Diese gewährleisten die höchste Genauigkeit.

Die neuesten Erkenntnisse und Werte der Dekompressionsforschung gibt die Deko Tabelle »Deko 92« nach Dr. MAX-HAHN an.

WICHTIG: Gewissenhafte Taucher neh-men auch beim Gebrauch eines Tauch-computers immer eine Deko Tabelle mit und legen selbst bei Nullzeittauchgän-gen stets einen Sicherheitsstopp von 3 min auf 3 m ein (Nach PADI-Richtlini-en seit 1994 3 min auf 5 m).

Sicherheitsregeln

Die oberste und wichtigste Regel lautet:

**»Tauche immer auf der
sicheren Seite!«**

An diesem Gebot sollten sich beim Tau-chen alle Vorbereitungen und Aktivitä-ten orientieren. Bereits geringe Fahr-lässigkeiten, die von dieser obersten

Oberflächenpausen können angenehm gestaltet werden

Sicherheitsregel abweichen, können schnell zu einem Desaster mit schwerwiegenden Folgen führen. Von daher muß jeder verantwortungsvolle Taucher stets bestrebt sein, schon im Vorfeld jedes bekannte und mögliche Risiko auszuschalten.

Dazu zählt die Berücksichtigung folgender Punkte:

– der bestmögliche Wartungszustand der eigenen Ausrüstung;
– vor jedem Tauchgang die Ausrüstung auf einwandfreie Funktion überprüfen, ohne Zugeständnisse zu machen! Bei Flaschenmiete an einer Füllstation auf den TÜV-Stempel achten, evtl. Geruchsprobe durchführen;
– nur mit entsprechender Kondition und gültiger Tauchtauglichkeitsbescheinigung tauchen (den Zahnarzt nicht vergessen);
– jeden Tauchgang im Rahmen der eigenen Möglichkeiten planen und diesen Plan dann auch konsequent einhalten;
– tauche nur, wenn Du Dich an dem Tag auch wohl fühlst und lasse Dich nie gegen Deinen Willen zu etwas überreden;
– versuche nie, das Meer bei schlechten Witterungsverhältnissen herauszufordern!

Die Risikominderung trifft natürlich auch auf den Tauchgang selbst zu:

– Die Tiefengrenze für das Sporttauchen liegt bei 40 m. In vielen Ländern, so auch auf den meisten Tauchschulen in Malaysia, ist sie aus Sicherheitsgründen auf 30 m heraufgesetzt.
– Tauche konsequent immer zuerst gegen die Strömung!
– Tauche immer innerhalb der Nullzeit!
– Plane den Tauchgang immer so, daß Du die Oberfläche mit einem Restdruck von 50 bar (Reserve) erreichst!
– »Tauche nie allein!« ist nach wie vor eine allgemein gültige Taucherregel – auch wenn sie seitens der Presse diskutiert wird.

Insgesamt gesehen, ist das Tauchen ein recht sicherer Sport geworden und längst nicht mehr das Privileg weniger »Supermänner oder Superfrauen«. Voraussetzung dafür bleiben allerdings das Verantwortungsbewußtsein und die Disziplin des Einzelnen – nicht zu vergessen der Respekt vor der Unterwasserwelt, in der wir Taucher nur zu Gast sind.

Allgemeines über Malaysia

Reisen in Malaysia

Der erste Kontakt mit den meisten süd-ostasiatischen Ländern findet für Touristen in der Regel mit einer Landung auf dem Flughafen der Hauptstadt statt. Das gilt auch für Malaysia. Wer direkt nach Malaysia fliegt, landet auf dem Subang International Airport in Kuala Lumpur. Von dort aus wechselt man für Inlandsflüge auf den Domestic Airport und fliegt mit kleineren Maschinen weiter zum jeweiligen Zielflughafen. Die MAS, Malaysian Airline System, unterhält ein gut ausgebautes Inlandsflugnetz, das die Hauptstadt Kuala Lumpur zur zentralen Drehscheibe hat. So ist es häufig auch für vermeintlich kurze Strecken nötig, über KL (gebräuchliche Abkürzung für Kuala Lumpur) zu fliegen. Zwischen dem internationalen und nationalen Flughafen pendelt im 10-Minuten-Takt ein kostenloser Shuttle-Bus.

Das Reiseland Malaysia wird von vielen Besuchern gerne mit den Nachbarländern Thailand oder Singapore kombiniert. Dadurch hat sich in den letzten Jahren ein reger Grenzverkehr im Norden und an der Südspitze des Landes entwickelt. Dieser ist jedoch so gut organisiert, daß es dort kaum zu Wartezeiten kommen kann.

Neben den im Infoteil beschriebenen Einreise- und Zollbestimmungen sei an dieser Stelle noch einmal nachdrücklich auf die strenge Einhaltung des Drogengesetzes hingewiesen:

Auf Drogenbesitz steht in Malaysia die Todesstrafe!

In der malayischen Tagespresse wird ständig darauf hingewiesen, daß bei der konsequenten Durchführung dieses drastischen Gesetzes keinerlei Unterschied zwischen Einheimischen und Ausländern, unabhängig welcher Nationalität, gemacht wird. Gleiches gilt übrigens auch für das Nachbarland Singapore.

Für ein bequemes Reisen sei den Tauchern angeraten, möglichst nahe an den Zielort »heranzufliegen« und erst dann auf andere Verkehrsmittel umzusteigen. Für Nachtflüge gibt es in Malaysia zum Teil spezielle Spartarife. Die MAS und deren Tochtergesellschaft, die Pelangi Air, unterhält in fast jeder größeren Stadt Malaysias einen kleinen Flughafen und ein Buchungsbüro. Dort können oftmals sogar internationale Anschlußflüge gebucht und/oder Rückbestätigungen in die Computer eingegeben werden. Zugegebenerweise sind die kleineren Flugplätze manchmal als solche nur recht schwer erkennbar. Die Realität zeigt sich oftmals in Form eines unscheinbaren Rollfeldes mit einer dazugehörigen noch unscheinbareren »Hütte«, die aber erstaunlicherweise bei näherer Betrachtung mit allen modernen Geräten ausgestattet ist.

Wer vom Flughafen aus keinen Transfer im Rahmen einer Pauschalreise vorgebucht hat, steht vor der Wahl einer teuren oder einer günstigeren Möglichkeit an sein Ziel zu kommen. Natürlich ist die billigere Variante zugleich die zeitinten-

Ob mit Tuktuk....

...per Moded...

sivere. Die sofort bereitstehenden Li-mousinen fahren direkt und sind teuer. Günstiger wird es, sich zuerst zum örtlichen Taxistand bringen zu lassen und dort auf ein »Linientaxi« umzusteigen. Lizensierte Taxifahrzeuge sind an dem gelben »Teksi-Schild« auf dem Dach zu erkennen. Ansonsten handelt es sich um Privatfahrzeuge, bei denen der Gast dann nicht versichert ist. Am Taxistand sind die Preise für einen Wagen fest ausgeschrieben und können auch nicht weiter verhandelt werden. Der Fahrpreis teilt sich durch die Anzahl der Mitfahrer auf. Es kann problemlos ein komplettes Taxi für ein oder zwei Personen gemietet werden. Die beschriebenen Transport-möglichkeiten mit den Taxis stellen die schnellsten und bequemsten Landver-bindungen mit dem besten Preis-Lei-

stungs-Verhältnis für kürzere Strecken dar. Dieses gilt auch für die Städte, zwischen denen keine Flugverbindungen bestehen. Nur bei den »Hoteltaxis« ist Vorsicht angebracht. Um unangenehme Überraschungen zu vermeiden, sollte der Fahrpreis unbedingt vorher mit den Fahrern fest ausgemacht werden. Sie berechnen ohnehin meistens deutlich mehr (oft den zwei- oder dreifachen Preis) als die Mitstreiter an den Taxistän-den.

Eine weitere Transportmöglichkeit in Malaysia ist die Eisenbahn. Seit kurzem steht der berühmte Orientexpress wieder in Dienst, der zwischen Singapore und Bangkok verkehrt. Dieser fährt über Kuala Lumpur und Butterworth weiter durch Thailand bis zur Landeshauptstadt. Die Nord-Süd-Verbindung stellt in

Malaysia bis auf ganz wenige Seitenverzweigungen die Hauptstrecke dar, so daß die Eisenbahn eigentlich nur aus Nostalgiegründen zur Beförderung Anwendung finden könnte. Auf der Strecke zwischen Singapore und Penang verkehren zusätzlich Expreßzüge, die auch nachts fahren. Gegen ein geringes Aufgeld empfiehlt sich die frühzeitige Reservierung eines Bettenplatzes.

Interessanter sind dann schon die Möglichkeiten, ein Auto zu leihen. Die renommierten Autovermieter unterhalten in allen größeren Städten Niederlassungen und bieten verschiedene Kategorien von Fahrzeugen an. Die geliehenen Fahrzeuge werden in der Regel mit freier Kilometerzahl und unter Einschließung einer Versicherung vermietet. Ein weiterer Vorteil besteht darin, daß sie in vielen verschiedenen Städten wieder zurückgegeben werden können. Die Preise für Mietwagen liegen übrigens geringfügig unter denen in Deutschland üblichen.

Und wer es etwas traditioneller und folkloristischer liebt, kann, überall wo es Straßen gibt, in einen der ständig verkehrenden Busse zusteigen. Das ist zweifelsohne die billigste Art, sich im Land fortzubewegen. Neben den »Local Busses« gibt es klimatisierte Expreßbusse, »Ekspres Bus Berhad«. Diese pendeln mit oftmals rasender Geschwindigkeit Tag und Nacht zwischen den Städten. Bustickets sind an den offiziellen Schaltern erhältlich.

Vorsicht: Kaufen sie keine Bustickets an kleinen Ständen, es sind viele gefälschte Tickets für Busse im Umlauf, die schon längst ausverkauft sind!

...oder mit dem »teksi«: In Malaysia braucht man viel Geduld!

Abschließend sei angemerkt, daß die geplante tägliche Kilometerleistung sich bei etwa 300 km einpendeln sollte. Ansonsten wird die Reise unnötig mit unangenehmen Streßfaktoren belastet. Zusätzlich sei empfohlen, für die Feiertage in Malaysia (Weihnachten, Neujahr, chinesisches Neujahr, Ende des Fastenmonats Ramadan usw.) die Fahrkarten schon frühzeitig zu buchen. An diesen Tagen sind alle öffentlichen Verkehrsmittel hoffnungslos mit Malaysiern überfüllt, die die Festtage mit Verwandten verbringen möchten. Gleiches gilt übrigens auch für die Hotelanlagen.

Verhaltenstips für Touristen

Malaysia ist ein ausgesprochen abwechslungsreiches Reiseland. Die Menschen sind freundlich und zuvorkom-

An jeder Bushaltestelle wird für das leibliche Wohl gesorgt

Malayische Familie im Fischerdorf vom Pulau Perhentian

mend. In den ländlichen Gegenden zeigen sie sich jedoch häufig scheu und zurückhaltend. Daher sollte es auch gerade dort eine Selbstverständlichkeit sein, höflich um Erlaubnis zu bitten, bevor Sie Menschen fotografieren. Die meisten stellen sich dann sogar in Pose, und der Weg für eindrucksvolle Erinnerungsfotos ist frei. Nur wenige lehnen es ab, fotografiert zu werden. Das sollte der Reisende dann auch respektieren. Aus der Abneigung sich fotografieren zu lassen braucht jedoch kein weiterer Rückschluß gezogen werden. Die Gastfreundschaft beeinträchtigt das in keiner Weise. Gerade in den ländlichen Gebieten werden Sie auf eine Offenheit und Gastfreundschaft stoßen, die ihresgleichen sucht. Ein erster Kontakt besteht oftmals in einer Einladung zum Essen in das eigene Haus. Unter Bewahrung der auch bei uns bekannten Höflichkeitsformen ist

damit der erste Grundstein zum gelungenen Miteinander gelegt. Kleine Verstöße gegen die traditionellen malayischen Verhaltensformen werden gerne höflich übersehen. Schließlich wissen auch Malaysier nur zu gut, daß in Europa vieles anders ist. Bei einer Einladung spielt immer eine gewisse Portion Neugier mit. Malaysier erzählen und berichten gerne über ihre Familie, das asiatische Essen und die landestypischen Gebräuche und zeigen ihrerseits viel Interesse an europäischen Gepflogenheiten. Lediglich Besserwissern und Angebern wird der Vertrauensvorschuß schnell entzogen. Doch solche Tugenden schätzt man bei uns schließlich auch nicht!

Malaysier schlagen, ähnlich den Thailändern, nur ganz selten eine Bitte mit einem deutlichen »Nein« ab. Erhalten Sie auf eine Frage ein eher zögerndes »Viel-

leicht« oder »Später«, liegt eine negative Antwort nahe. Die von einem Lächeln begleitete Zauberformel für eine situationsentspannende Antwort lautet: »Tidak apa«, was soviel bedeutet wie »Macht nichts!« Leicht aufbrausende und ungeduldige Menschen verlieren überall in Asien schnell ihr Gesicht. Das gilt auch für Malaysia!

Wer mit Kindern reist, findet schnell Anschluß an die einheimische Bevölkerung. Da Kinder in Malaysia in der Regel für die Altersversorgung der Eltern aufkommen, gilt dem Nachwuchs natürlich die besondere Aufmerksamkeit. Entsprechend kinderreich und kinderlieb – auch gegenüber fremden Kindern – zeigen sich malaysische Familien. Der Kinderreichtum in Malaysia hat jedoch auch eine negative Seite. Viele Kinder müssen ihre Ausbildung frühzeitig abbrechen, um mit für den Unterhalt ihrer Familie beizutragen. Nur durch Kinderarbeit können viele asiatische Produkte so billig auf dem Weltmarkt angeboten werden,

Reicher Kindersegen sichert die Altersversorgung

Chinesische Gemütlichkeit in Kuantan

und auch Malaysia schließt sich von dieser Entwicklung nicht aus.

Das tägliche Leben ist in Malaysia stark vom Islam beeinflußt. So ist es für ausländische Gäste wichtig, die Gebetszeiten zu respektieren. Frauen zeigen sich in der Öffentlichkeit mit Tüchern verhüllt, so daß teilweise nur noch die Augenpartien herausschauen. Fundamentalistische Bewegungen unterstützen neuerdings diese Tradition wirkungsvoll. Für europäische Frauen ist »gedeckte Kleidung« empfohlen. Transparente Blusen oder ärmellose T-Shirts deuten auf Leichtlebigkeit hin, die in Malaysia verpönt ist. Auch Männer werden in Malaysia stark nach ihrem äußeren Erscheinungsbild eingestuft. Einem sehr ungepflegten Reisenden kann – genauso wie in Singapore – an der Grenze die Einreise versagt werden! Das Thema Sex ist ebenfalls ein öffentliches Tabu, und der in europäischen Ländern gesellschaftsfähige Flirt in Malaysia um vieles verbindlicher. Selbst liierte Pärchen tauschen in der Öffentlichkeit keine Zärtlichkeiten aus oder gehen gar Händchenhaltend spazieren. Daran sollten sich auch Touristen ein wenig orientieren. Gleichgeschlechtliche Berührungsängste gibt es dagegen kaum. So sind Frauen, die Hand in Hand oder umarmt spazieren gehen, kein seltener Anblick. Das gleiche gilt auch für Männer.

Die Religion bestimmt auch die Eßgewohnheiten der Malaysier. Alkohol und Schweinefleisch sind tabu. Bei den hinduistischen Indern ist Rindfleisch tabu, da die Kuh als heilig angesehen wird. Auf privaten Einladungen sollte daher Abstand davon genommen werden, nach alkoholischen Getränken zu fragen. In malayischen Restaurants wird die Versuchung schon im Keime erstickt: dort wird erst gar kein Alkohol angeboten! Anders verhält es sich dagegen in chinesischen und indischen Restaurants. Wer in einem indischen oder chinesischen Restaurant tafelt, muß bisweilen schon mal seine Trinkfestigkeit unter Beweis stellen. Die Vorliebe der Deutschen für Bier scheint sich bis nach Malaysia herumgesprochen zu haben, und das Münchner Oktoberfest kennt jeder Chinese zumindest aus den Medien. (Zur »Wiesnzeit« spielen in Kuala Lumpur in einigen Hotels eigens aus Bayern eingeflogene Musikkapellen zu Bier und deftigem Essen auf!)

Abschließend sei angemerkt, daß die vorangestellten Beschreibungen keine Verallgemeinerungen darstellen. Sie beziehen sich auf das von äußeren Einflüssen weitestgehend unbeeinflußte traditionelle Verhalten der Malaysier, wie es in den ländlichen Gegenden anzutreffen

ist. In den Großstädten und an der Westküste, wo europäische Einflüsse die Lebensweise der Malaysier schon stark verändert haben, treffen die Beschreibungen oftmals nicht zu. Auch in den touristisch besser erschlossenen Gebieten können veränderte Verhaltensformen beobachtet werden. Hier sind die Ausländer vielfach nur die gerngesehenen Gäste, denen es gilt, möglichst viel Geld zu entlocken. Doch das ist nicht die ursprüngliche Mentalität der Bewohner. Wer genauer überlegt, wird vielleicht zu dem Schluß kommen, daß es häufig die Touristen selber sind, die dazu beitragen, traditionelle Verhaltensweisen, die wir doch eigentlich so sehr schätzen und bewundern, zu verändern.

Klima und Reisezeit

Malaysia ist von einem immerfeuchten tropischen Klima geprägt. Die Temperaturen liegen das ganze Jahr über zwischen 22 °C und 32 °C. Nur selten klettern die Werte über 34 °C oder sinken unter 18 °C. Lediglich in den höheren Regionen der Berglandschaften kann es nachts kühler werden. Am Mount Kinabalu können die Temperaturen sogar bis in die Nähe des Gefrierpunktes oder auch darunter fallen.
Die Luftfeuchtigkeit beträgt in Malaysia in der Regel durchschnittlich 80 %. In den Küstengegenden kann sie windbedingt etwas darunter liegen. Im Urwald dagegen ist es meist feuchter. Dort kann die Luftfeuchtigkeit bis auf 100 % ansteigen.
Die Großwetterlagen in Malaysia werden durch die Monsune, die Haupt-

windrichtungen, bestimmt. Die Monsune ziehen gewöhnlich viel Regen und häufig auch starke Winde nach sich. Von Oktober bis Ende Februar herrscht Nord-Ost-Monsun, was für diese Zeit auf Borneo und an der Ostküste von Westmalaysia die Regenzeit zur Folge hat. Starke tropische Regenschauer überziehen die vorgelagerten Inseln und die küstennahen Landstriche des Festlandes. In der Zeit des Nord-Ost-Monsuns regnet und stürmt es oft so heftig, daß der Bootsverkehr zwischen dem Festland und den Inseln für mehrere Tage eingestellt werden muß.

Sonnenuntergang in den Tropen mit romantischem Hauch

Der Nord-Ost-Monsun regnet sich also, vereinfacht dargestellt, an der Ostküste ab und beschert der gegenüberliegenden Westküste Malaysias in dieser Zeit eine Schönwetterperiode. Zum Ende des Nord-Ost-Monsuns beginnen sich »die Winde zu drehen« bis sie etwa Anfang Mai ziemlich konstant aus der genau entgegengesetzten Richtung wehen. Mit dem einsetzenden Süd-West-Monsun beginnt an der Westküste die Regenzeit und an der Ostküste sowie auf Borneo die Trockenphase. Der Süd-West-Monsun hält etwa bis Ende September an, bevor die Winde sich wieder zu drehen beginnen.

Wer Malaysia bereisen möchte, ist gut beraten, sich die Schönwetterphasen für sein Ziel auszusuchen. Für die Ostküste fallen die meisten Sonnentage in den Zeitraum zwischen April und September. Die Trockenzeit macht in dieser Phase ihrem Namen alle Ehre: Manchmal regnet es wochenlang nicht und jeder sehnt einen erfrischenden Schauer herbei.

An der Westküste regnet es das ganze Jahr unregelmäßiger. Dort ist die Trockenzeit nicht so ausgeprägt wie an der Ostküste. Die meisten Niederschläge fallen von März bis Mai und von Oktober bis Dezember. Die Zeit zwischen den Monsunen ist von unbeständigem Wetter geprägt und kann dem Reisenden mit etwas Glück überwiegend schönes Wetter bescheren oder aber total verregnet sein. In den Regenzeiten behindern die ständigen, teilweise lange anhaltenden Schauer viele Aktivitäten erheblich. Hinzu kommt erschwerend, daß aufgrund der hohen Luftfeuchtigkeit Kleidung kaum noch richtig trocknet, was die meisten Europäer doch als sehr un-

Während der Regenzeit erschweren sich die Reisemöglichkeiten in Malaysia erheblich

angenehm empfinden. Auf der anderen Seite kann der (wetterfeste!) naturinteressierte Besucher während der Regenzeit viele Pflanzen im Blütenstadium finden, die in der »Hochsaison« nicht zu sehen sind.

Für Taucher ist die Beachtung der Monsunzeiten besonders wichtig. In den trockenen und windärmeren Schönwetterphasen sind die Tauchbedingungen am besten. Die Tauchausfahrten finden dann meistens auf ruhiger See statt, und das Wasser kann kristallklar sein. Während der Regenzeit ist das Meer dagegen ständig aufgewühlt und die Sicht ausgesprochen schlecht. Dann lohnt sich das Tauchen nicht. In der Trockenphase legen sich die aufgewirbelten Se-

Auf Borneo fallen durchschnittlich etwa 4000 mm Niederschlag im Jahr. Damit zählt die Insel zu den regenreichsten Gebieten der Welt. Die ungewöhnlich hohen Niederschläge wirken sich natürlich auch auf die Luftfeuchtigkeit aus: Sie liegt tagsüber bei 98 % und sinkt nur nachmittags ein wenig, aber selten unter 70%. Dieser Umstand wird von vielen Europäern als körperlich sehr belastend empfunden.

Geschichtlicher Überblick

Die Ur- und Frühgeschichte Malaysias läßt sich bis in die Altsteinzeit zurückverfolgen, als die ersten Hominiden sich in Südostasien ausbreiteten. Ausgrabungen weisen darauf hin, daß sie mit Hilfe primitiver Werkzeuge Tiere fingen und Erdwurzeln ausgegraben haben müssen. Vergleichende ethnologische Studien ergaben, daß vor ca. 20 000 Jahren sogenannte austronesische Stämme große Gebiete um das Südchinesische Meer besiedelten. Sie gingen mit einfachen Steinwerkzeugen auf die Jagd und sammelten die Früchte des Dschungels. Blasrohr sowie Pfeil und Bogen waren den Menschen als Jagdwaffen erst in der Mittelsteinzeit, also vor ungefähr 12 000 Jahren, bekannt. Etwa 6 000 Jahre später, in der Jungsteinzeit, setzten in Südostasien größere Wanderbewegungen ein. Um diesen Zeitraum trafen verschiedene Bevölkerungsgruppen von Kontinentalasien auf der Malaiischen Halbinsel ein, unter ihnen die Protomalaysier (Jakun und Senoi) sowie malayo-polynesische Stämme, die Deuteromalaysier, aus Südindien. Viele der noch heute in

dimente wieder und das Wasser wird zunehmend klarer. Natürlich beeinflussen die Strömungsverhältnisse zusätzlich die Sicht für Taucher. Generell trübt die Sicht mit zunehmender Strömung ein. Das gilt insbesondere für flache Meere, wie zum Beispiel das Südchinesische Meer. Die Nipptiden – Zeiten, in denen der Gezeitenunterschied am geringsten ist – und Gezeitenstillstände versprechen die besten Sichtweiten.

Die klimatischen Bedingungen auf Borneo unterliegen den gleichen Monsuneinflüssen wie die Malaiische Halbinsel. Zwischen Oktober und Februar bringt der Nord-Ost-Monsun die Regenzeit an die Nordostküste Borneos. An der Westseite regnet es in den Monaten von Juni bis November am meisten. Viele der Tieflandregionen stehen in dieser Zeit häufig unter Wasser.

Moderne Bauten dominieren zunehmend das Stadtbild von Kuala Lumpur

Ackerbau begann mit dem Anbau von Yams, Taro und Bananen. Zusätzlich domestizierten sie Schweine und Rinder. Funde von kleinen Skulptiermessern weisen darauf hin, daß in diesem Zeitraum die ersten kleinen Holzhäuser gebaut wurden. Bis dahin hatten die Menschen noch in Höhlen oder einfachen Unterständen aus Blattwerk gelebt.

Die anfänglichen Schritte zur Seßhaftigkeit vollzogen sich vornehmlich in den fruchtbareren Küstenregionen. Dort wurden die ersten Reisfelder angelegt. Im Landesinneren folgte man dem natürlichen Nahrungsangebot des Dschungels.

Mit dem Beginn der christlichen Zeitrechnung kamen Handelsschiffe aus Indien und China nach Malaysia. Die beiden Länder unterhielten schon seit längerer Zeit Handelsbeziehungen. Da der Landweg zwischen den beiden Hochkulturen, insbesondere die bekannte Seidenstraße, durch zunehmende Überfälle immer unsicherer wurde, wichen sie auf die küstennahe Seefahrt aus. Auf der langen Reise von Indien nach China galten die geschützten Buchten der Malaiischen Halbinsel als sichere Ankerplätze. So entstanden die ersten Handelsniederlassungen. Die Inder bildeten vornehmlich an der Westküste kleine Stadtstaaten nach dem Vorbild der indischen Ordnung, um hier ihre Waren umzuschlagen. Ein bedeutender Stadtstaat an der Ostküste wurde das kleine Königreich Langkasuka.

Die Chinesen tauschten die über Land transportierten Güter und verschifften sie dann in ihr Heimatland. In Trengganu, Johor und Tumasek – dem heutigen Singapore – siedelten sich daraufhin chinesische Händler an.

den Wäldern Malaysias lebenden Orang Asli (»einheimische Menschen«) sind Nachfahren dieser Einwanderer proto-malayischer Abstammung.

Seit der Jungsteinzeit wurden die Techniken zur Werkzeugherstellung zunehmend verbessert. Die Menschen schliffen Klingen, die nicht nur zur Jagd, sondern auch als Ackerwerkzeuge verwendet werden konnten. Der einfache

In den Häfen legten auch persische und arabische Schiffe an, die aufgrund ihrer Seetüchtigkeit problemlos das offene Meer bezwingen konnten. Händler aus dem Nahen Osten brachten im 7. Jh. den Islam in das damals hinduistisch-buddhistisch geprägte Malaysia.

Die chinesische Flotte konnte im 15. Jh. durch ihren verbesserten Dschunkenbau direkt bis nach Mallacca an die Westküste segeln. Mallacca wurde unter dem Schutz des chinesischen Kaisers zum Königreich und in der Folgezeit zu einem der bedeutendsten Handelszentren ganz Südostasiens, in dem Händler vieler Nationen lebten. Nachdem der Regent, der hinduistische Prinz Paramesvara, zum Islam konvertierte, erhielt er den Titel eines Sultans und trug wesentlich mit zur Verbreitung des Islam in Malaysia bei. Er floh später unter den Portugiesen nach Johor und gründete dort das Sultanat Johor-Riau.

Der politische Einfluß Mallaccas erstreckte sich gegen Ende des 15. Jh. über die ganze Malaiische Halbinsel. Mit der Entdeckung großer Zinnvorkommen um Mallacca wanderten weitere Chinesen ein, die den malayischen Zinnminenbesitzern den Abbau des begehrten Metalls finanzierten. Die Zuwanderer übernahmen auch den lukrativen Anbau von Muskat, Pfeffer und Nelken und erweiterten den Kleinhandel. Diese Geschäftstüchtigkeit in Verbindung mit den kulturellen Unterschieden entfachte die bis heute anhaltenden Spannungen zwischen Chinesen und den vorwiegend ackerbautreibenden Malaysier, die das geruhsame Dorfleben bevorzugten.

Im 16. Jahrhundert zerfiel das Reich Mallacca. Im Norden entstanden die Sultanate Kedah und Kelantan, die sich gegen die Oberhoheit der Thailänder behaupten mußten. (Die heute bestehende, historische Grenze zwischen Malaysia und Thailand wurde erst 1909 im Vertrag von Bangkok durch die Briten besiegelt.)

Mit dem Eintreffen europäischer Seefahrer verschoben sich die Machtverhältnisse. In der Absicht den portugiesischen Gewürzhandel auszubauen, landete 1511 der Vizekönig Alfonso d´Albuquerque vor der malayischen Küste und eroberte die Stadt Mallacca. Sie wurde zum wichtigsten Handelsstützpunkt zwischen Asien und der westlichen Welt. Die Portugiesen konnten durch ihre militärische Überlegenheit Mallacca etwa 130 Jahre lang behaupten, ehe die Holländer, die sich mit dem Sultan von Johor verbündeten, die Stadt einnahmen.

Im 17. Jh. siedelten weitere Zuwanderer (die Minangkabau) aus Sumatra auf die Malaiische Halbinsel über und errichteten kleine Fürstentümer.

Die Bugis, ein seefahrendes Handelsvolk aus Sulawesi, trafen etwa zeitgleich auf der damals dünn besiedelten Halbinsel ein und eroberten die südlichen Sultanate Johor und Selangor. Der Handel verlagerte sich nun in den Süden. Mallacca verlor an Bedeutung, und 1824 tauschten es die Holländer gegen den britischen Besitz auf Sumatra ein.

Die britische Kolonialmacht etablierte sich ab 1786 in Malaysia. An der Straße von Mallacca suchte die British East India Company Stützpunkte für ihren florierenden Handel mit Asien. Die Briten errichteten in Penang , Mallacca, Pangkor und Singapore kleine Kolonien, die sogenannten Straits Settlements. (Sir Francis Leigh pachtete die Insel Penang vom Sultan von Kedah!)

Die malayischen Sultanate wurden teilweise durch ein geschicktes Vertragswerk unter den Kolonialstatus gestellt, manche traten im Glauben an eine Anteilnahme an dem erhofften wirtschaftlichen Aufschwung freiwillig bei. Die politische Hoheit lag bei den Engländern, die Wahrung der malayischen Tradition und der Religion blieben im Zuständigkeitsbereich der Sultane. Sie konnten politische Entscheidungen nur mit der Zustimmung eines englischen Residenten treffen.

1839 realisierte James Brooke den Wunsch von Sir Stamford Raffles, der Singapore verwaltete, Borneo zu kolonialisieren. Dieser Stützpunkt sollte den Seeweg nach China und Australien vereinfachen. Nachdem James Brooke einen Aufstand der einheimischen Bevölkerung von Sarawak niedergeschlagen hatte, ernannte ihn der Sultan von Brunei zum ersten Weißen Raja (König). Sarawak wurde zum Privatbesitz Brookes und 1888, zusammen mit Brunei und Sabah, britisches Protektorat.

Mit der zunehmenden Industrialisierung Englands stieg das Interesse an den Rohstoffen Malaysias. Die Engländer importierten große Mengen Zinn, Kautschuk und Edelhölzer. Die britische Kolonialmacht nutzte somit zwar in erster Linie die natürlichen Ressourcen Malaysias aus, ermöglichte dem Land wiederum indirekt auch einen wirtschaftlichen Aufschwung. Die Infrastruktur mußte verbessert werden, damit die Rohstoffe zügig abtransportiert werden konnten. Die medizinische Versorgung machte Fortschritte, das Schulwesen wurde ausgebaut und die Sklaverei abgeschafft. Zumindest nach dem Gesetz sollten alle Menschen gleich sein. Doch waren auch

eine Reihe gesellschaftlicher Probleme die Folge. Durch den erhöhten Bedarf an Arbeitskräften kamen viele Chinesen ins Land, die zunächst auf den Plantagen arbeiteten. Ihr Anteil an der Bevölkerung betrug um 1920 etwa 50 %. Wie schon in der Vergangenheit, wechselten viele nach Ablauf ihres Arbeitsvertrages ins Geschäftsleben und machten sich selbständig.

Im 2. Weltkrieg wurde die britische Kolonialherrschaft in Malaysia durch den Einmarsch der Japaner unterbrochen. Sie unterdrückten insbesondere die chinesische Bevölkerung, die daraufhin ins Landesinnere auswich, sich zur Malayan Communist Party zusammenschloß und einen Guerillakrieg gegen die Japaner aufnahm.

Nach dem 2. Weltkrieg und der Kapitulation der Japaner setzten die Engländer ihre Kolonialherrschaft in Malaysia fort und organisierten den Staat mit gleichen Rechten für alle Bevölkerungsgruppen. Die neue Ordnung stieß insbesondere bei den Malaysiern, die ihren Nationalstolz untergraben fanden, auf Ablehnung. Die erneute britische Präsenz führte jedoch bei allen Bevölkerungsgruppen zu ersten Ansätzen, sich von der Kolonialherrschaft zu befreien. In diesem Punkt waren sich Malaysier, Chinesen und Inder, die nach wie vor unterschiedliche Ansichten vertraten, einig.

In Malaysia bildeten sich politische Parteien. Die Malaysier gründeten die United Malays National Organisation (UMNO), die Chinesen die Malayan Chinese Association (MCA) und die Inder den Malayan Indian Congress (MIC). Die drei Parteien schlossen sich im Kampf gegen den Kolonialismus zusammen

und gewannen 1955 die ersten freien Wahlen. 1957 erlangte Malaysia die Unabhängigkeit. Der ehemalige UMNO Vorsitzende Tunku Abdul Rahman wurde zum ersten Premierminister Malaysias ernannt. Singapore, zunächst noch britische Kronkolonie innerhalb der neu gegründeten malayischen Föderation, wurde erst 1965 ein unabhängiger Stadtstaat.

Die heutige Staatsform des Landes weist einige Besonderheiten auf. Malaysia besteht aus 13 Bundesstaaten und einem Federal Territory (Kuala Lumpur). Neun der Bundesstaaten sind Sultanate mit jeweils einem Sultan an der Spitze. Die anderen – Mallacca, Penang, Sabah und Sarawak – werden von Gouverneuren regiert, Kuala Lumpur von einem Bürgermeister. Staatsoberhaupt mit vornehmlich repräsentativen Aufgaben ist der König, der Yang di-Pertuan Agong – »Der zum Herrn gesetzte Große«. Er wird alle fünf Jahre aus den Reihen der neun Sultane gewählt.

Das Parlament unterteilt sich in ein Ober- und ein Unterhaus. Von den 69 Abgeordneten des Oberhauses werden 40 vom König bestimmt und 29 aus den Parlamenten der Bundesstaaten gewählt. Das Unterhaus wird vom Volk gewählt. Malaysia ist also eine Wahlmonarchie auf parlamentarisch demokratischer Basis. Diese Staatsform weisen neben Malaysia nur noch die Vereinigten Emirate auf.

Religion und Bevölkerung

Staatsreligion in Malaysia ist der Islam, dem alle Malaysier von Geburt an automatisch angehören. Neben den Malaysiern, den Bumiputera, was Söhne der Erde bedeutet, leben mit den zugewanderten Chinesen und Indern zwei weitere große Bevölkerungsgruppen im Lande. Chinesen und Inder gehören weitestgehend nicht dem Islam an. Die Chinesen sind mehrheitlich Buddhisten und Taoisten, die Inder in der Regel Hindus. Die Religionsvielfalt spiegelt sich für den Besucher eindrucksvoll in den vielen unterschiedlichen Tempelanlagen Malaysias wieder. Der Besucher gewinnt den Eindruck, als reise er durch einen Dschungel von Religionen und Glaubensrichtungen, die aber alle friedlich nebeneinander existieren. Die Toleranz gegenüber den verschiedenen Religionen in einem Lande wird auch von der

Wird der Tag erfolgreich?
Orakelbefragung am Tempel

Opfergaben zum Fest des »Hungrigen Geistes«

malayischen Regierung wirkungsvoll unterstützt und gefördert: sie garantiert in ihrer Verfassung der Bevölkerung Religions- und Glaubensfreiheit.

Im folgenden werden die wichtigsten Glaubensrichtungen kurz vorgestellt.

Der Islam

Das Wort Islam kommt aus dem Arabischen und bedeutet Hingabe und Unterwerfung. Damit ist die Unterwerfung unter den Willen Allahs, dem alleinigen Gott des Islam, gemeint. Der Islam ist die jüngste Weltreligion, die auf die Lehren des Propheten Mohammed (der Gepriesene) zurückgeht. Er wurde um 570 n. Chr. in Mekka geboren. Als gelernter Kaufmann beschäftigte sich Mohammed auf seinen Handelsreisen auch mit religiösen Themen. Im Alter von etwa 25 Jahren heiratete er die reiche Kaufmannswitwe Chadidscha, der er bis zu ihrem Tode die Treue hielt. Danach lebte er polygam.

Jedes Jahr zog sich Mohammed für einen Monat (Ramadan) zur Enthaltsamkeit in eine Höhle am Berg Hira zurück. Dort empfing er im Alter von 40 Jahren vom Engel Gabriel seine erste Offenbarung. Mohammed wußte in diesem Moment, daß er von Allah als dessen Prophet auserkoren war. Bei der Verkündung der Offenbarungen in Mekka stieß er jedoch auf heftigen Widerstand. Die Stadt Mekka war ein Handelszentrum zwischen Syrien und Südarabien, in das viele Kaufleute und Händler kamen. Sie gehörten unterschiedlichen Religionen an und verehrten ihre Götter an der Kaaba, dem heutigen Heiligtum des Islams. Mekka war also schon damals

ein bedeutender Wallfahrtsort. Durch Mohammeds Aufforderung an nur einen Gott zu glauben, befürchteten die Mekkaner Kaufleute einen Rückgang ihres blühenden Gewerbes. Unter diesem Druck und aus Angst vor Repressalien verließ Mohammed die Stadt und wich 622 n. Chr. nach Medina (damals: Jathrib) aus. Mit dieser Auswanderung (Hedschra) begann die islamische Zeitrechnung.

In Medina stand Mohammed nicht mehr den Feindseligkeiten der Mächtigen gegenüber. In der politisch zerrütteten Stadt fand er viele Anhänger. Er konnte die Streitigkeiten schlichten und schützte die Stadt sowie ihre Karawanen vor den Überfällen der Mekkaner. Er wurde zum Herrn der Stadt, dem bald die Ordnungsaufagaben oblagen. Nur bei den Juden Medinas stieß Mohammed auf eine ablehnende Haltung seiner Lehren. Sie unterstellten ihm mangelnde biblische Kenntnisse und verwehrten sich gegen die Auffassung, der Islam sei die »verbesserte Version« einer von Juden und Christen verfälschten Abrahamsreligion. Die konträre Haltung der Juden bewog Mohammed, die Gebetsrichtung (Quibla) von Jerusalem nach Mekka zu wenden. Die bereits als vorislamisches Heiligtum und Wallfahrtsstätte bekannte Kaaba (Würfel) in Mekka erfuhr dadurch eine neue Bedeutung, und Mohammed konnte in seiner Geburtsstadt neue Anhänger gewinnen. Die Kaaba ist ein Steintempel, in dessen Ostecke der berühmte »schwarze Stein« eingelassen ist, den alle Pilger berühren und küssen.

Nach Beendigung zahlreicher Auseinandersetzungen mit Mekka zog Mohammed friedlich zurück in seine Heimatstadt und begann die Wallfahrt (haddsch) neu zu ordnen. Noch heute zählt diese Wallfahrt, die Mohammed vor seinem Tode im Jahre 632 n. Chr. selbst einmal durchführte, zu den wichtigsten Glaubensbezeugungen für alle Moslems. Nach Mohammeds Tod wurde Abu Bakr, der Vater seiner letzten Lieblingsfrau Aiischa zum Nachfolger des Propheten – dem ersten Kalifen – gewählt. Er faßte die von Mohammed erhaltenen Offenbarungen im Koran (das zu Rezitierende), dem heiligen Buch des Islams, zusammen. Der Koran unterteilt sich in 114 Suren (Abschnitte oder Kapitel) und gilt als das Wort Allahs, welches Mohammed vom Engel Gabriel verkündet wurde. Die Suren enthalten neben Mohammeds Predigten und Aussagen zum jüngsten Gericht sowie Beschreibungen des Paradieses auch Forderungen an die islamische Glaubensgemeinschaft. Die »Fünf Säulen des Islam« symbolisieren diese Forderungen, allen voran das aus einem Satz bestehende Glaubensbekenntnis (Schahada): »Es gibt keinen Gott außer Allah und Mohammed ist sein Prophet.« Jeder Muslim soll es mindestens einmal in seinem Leben aus tiefer Überzeugung laut sprechen.

Ferner soll jeder Muslim fünfmal täglich beten. Der Ort für die rituellen Gebete (salat) kann die Moschee (»Platz, an dem man sich niederwirft«) sowie jeder andere beliebige Platz sein. Damit in islamischen Staaten auch in den Hotels gebetet werden kann, befindet sich an den Zimmerdecken ein Pfeil, der in Richtung Mekka zeigt. Die täglichen Gebetszeiten werden von einem »Muezzin« über Lautsprecher vom Minarett, dem Turm der Moschee, ausgerufen. Die Freitagmittaggebete sollen gemeinschaftlich in einer Moschee verrichtet werden. Eine weitere Forderung besteht in der Entrichtung einer Almosensteuer (zakat), die etwa 2,5 % des Einkommens ausmacht. Diese Pflichtabgabe kommt Kranken und Armen zugute.

Der neunte Monat des islamischen Kalenders ist der Fastenmonat Ramadan (meistens im April). Während des Ramadan dürfen Muslims tagsüber weder essen noch trinken und müssen sexuell enthaltsam leben. Auch das Rauchen ist ihnen untersagt. Erst nach Sonnenuntergang können sie die Fast brechen. Das Ende des Ramadan wird mit der Sichtung der »ersten Sichel nach dem Neumond« aus Mekka verkündet und in der islamischen Welt mit großen Festessen und Feiern würdig abgeschlossen.

Der Islam sieht weiterhin vor, daß jeder Muslim mindestens einmal in seinem Leben die heilige Stadt Mekka besuchen soll, sofern er sich diese Wallfahrt (haddsch) leisten kann. Für finanziell schwächer gestellte Malaysier hält der Staat heute Fördermittel bereit, so daß möglichst viele Gläubige die Reise zur Kaaba, dem Zentralheiligtum des Islam, antreten können. Während des Haddsch tragen die Muslims eine weiße Tracht (Reinheit), umschreiten siebenmal die Kaaba, berühren und küssen das eigentliche Heiligtum, den Schwarzen Stein, und ziehen anschließend vor die Stadt, um dort »stehend vor Allahs Angesicht«, vom Mittag bis zum Sonnenuntergang zu verweilen.

Die Gläubigen empfinden die Pilgerfahrten als einen globalen islamischen Solidaritätsausdruck – ähnlich wie der in einer Sprache (arabisch) geschriebene Koran alle Muslims weltweit vereint. Diese Aspekte sowie die fehlende Trennung zwischen Weltlichem und Geistlichem – dem Staat steht kein Klerus gegenüber – trugen wesentlich zur raschen Verbreitung des Islam bei.

Im modernen Malaysia finden sich jedoch auch Ansatzpunkte zur Kritik an die vollkommene Unterwerfung unter Allahs Willen. Das islamische Ehegesetz, nachdem der Mann vier Ehefrauen haben darf, wird zunehmends kritisiert. Insbesondere die emanzipierten Frauen der Großstädte, die vielfach selbst im Berufsleben stehen, wollen ihren Mann nicht mehr »teilen«. Ebenso trifft die gottgewollte Fügung, ein Leben in Armut oder Reichtum zu führen, durch die industrielle Entwicklung des Landes nicht mehr auf ungeteilte Zustimmung. Die Fundamentalisten, eine Bewegung, die an den orthodoxen Werte des Koran festhält, verwehren sich jedoch erfolgreich gegen jegliche Neuerung ihrer Glaubensrichtung. Diese Bewegung schreckt nicht davor zurück, ihre Forderung notfalls auch gewaltsam durchzusetzen.

Neben dem Islam, der Allah als einzigen Gott ansieht, gibt es heute noch, insbesondere bei den Malaysiern auf dem Lande, einen weitverbreiteten Geisterglauben, der auf das altarabische Erbe zurückgeht. Überall sind gute und böse Geister (dschinn) allgegenwärtig. So werden bei verschiedenen Krankheiten »Medizinmänner«, sogenannte dukuns, herbeigerufen, um die bösen Geister zu vertreiben. Auch gilt es Streitigkeiten mit den Nachbarn zu vermeiden. Ansonsten droht der Unmut der »Nachbar-Hausgeister«, deren vornehmliche Aufgaben im Schutz ihres Hausherrn bestehen.

Die chinesische Religion

Die in Malaysia lebende Bevölkerungs-gruppe chinesischer Herkunft bekennt sich überwiegend zum Buddhismus. Eine alleinige Darstellung des Buddhismus kann ihren Glauben jedoch kaum umfassend darstellen. Die Religion der Chinesen setzt sich aus vielen Elementen des Bhuddismus, des Taoismus sowie den Lehren des Philosophen Konfuzius zusammen. Weiterhin ist sie von vielen alten, religiösen Überlieferungen und religiösen Kulten geprägt.

Grundlage des Buddhismus ist die von Buddha (der Erleuchtete) selbst verkündete Theravada-Lehre (Lehre der Alten). Sie behandelt die Vier Heiligen Wahrheiten, die die Phasen vom Ursprung des Leidens bis hin zur Aufhebung des Leidens durch den Edlen Achtfältigen Pfad beschreiben. Der Edle Achtfältige Pfad gibt Anleitung zum rechten Verhalten, mit dem ein Buddhist Pluspunkte für sein persönliches Karma (das Werk, die Tat, das Tun) auf dem Weg zum Nirwana sammeln kann.

Das Eingehen ins Nirwana stellt das höchste religiöse Ziel für jeden Buddhisten dar – es befreit ihn aus dem leidvollen Kreislauf der Wiedergeburt.

Die Theravada Lehre wurde später spöttisch Hinayana (Kleines Fahrzeug) genannt. Mit dem »Kleinen Fahrzeug« konnten angeblich nur wenige Menschen das Nirwana (verwehen, verlöschen) erreichen. Im 3. Jh. entstand daraufhin die Form des Mahayana Buddhismus (Großes Fahrzeug), mit dem nun viele Menschen ins Nirwana gelangen

Buddhatempel in Malaysia (Penang)

konnten. Im Gegensatz zu den Hina-yana-Buddhisten, die lediglich einen Buddha verehren, existieren für die Ma-hayana-Buddhisten mehrere Buddhas mit zusätzlichen Helfern, den Bodhisatt-vas. Die selbstlosen und verehrungswür-digen Bodhisattvas sind erleuchtete We-sen, die den Menschen auf dem Weg zur Erlösung ins Nirwana unterstützen. Sie selbst verzichten darauf. Ihre überirdi-sche Kraft wird durch die Darstellung mit mehreren Köpfen und Armen sym-bolisiert. Mit der Ausprägung des Ma-hayana Buddhismus traten Gedanken ei-nes »paradiesischen Glückslandes« im-mer mehr in den Vordergrund. Dort »lebt« heute bereits der historische Buddha, der als Zukunftsbuddha, der Maitreya, in nicht vorauszusagender Zeit wieder auf der Welt erscheinen wird. Der chinesische Buddhismus stellt ihn als den zufrieden lachenden, dick-bäuchigen Buddha, Mile Fo, dar.

Der von den Chinesen praktizierte Buddhismus unterliegt den Einflüssen des Konfuzianismus und Daoismus. Der Konfuzianismus behandelt nicht die Gott-Mensch-Beziehung sondern das edle Handeln des Menschen innerhalb der gesellschaftlichen Ordnung als Kern-punkt. Dem Daoismus liegt der Gedan-ke der Unsterblichkeit und des ewigen Lebens zugrunde. Die ewigen Prinzipien des Kosmos mit all seinem Leben bedin-gen sich durch die dualen Kräfte des Ying und Yang, die sich zwar entge-genstehen, zusammen aber als eine Ein-heit angesehen werden (männlich und weiblich, stark und schwach, aktiv und passiv usw.).

Beide Glaubensrichtungen beinhalten Riten zur Ahnenverehrung, die auch heute noch einen wichtigen Bestandteil des religiösen Lebens darstellen. Die Ah-nen können ein »gutes Wort« bei den zahlreichen Göttern einlegen und sind wichtiges Bindeglied zwischen dem menschlichen und dem himmlischen Dao (Weg).

Einige Erscheinungsformen des Ahnen-kultes können auch für den Besucher Malaysias sichtbar werden. Je nach Wohlstand der Familie läßt man mög-lichst große Grabstätten errichten, wo die Verstorbenen über mehrere Genera-tionen hinweg verehrt werden. Nach chinesischer Auffassung befindet sich der Geist der Toten ständig um die noch Lebenden. Zusätzlich gedenken die Nachfahren ihrer an einem heimischen Familienaltar. Dort werden Lichter ange-zündet, Räucherstäbchen entfacht und den Ahnen zu ihrem Wohlbefinden Nah-rung bereitgestellt, damit sie der Familie wohlgesonnen bleiben. Über den Altä-ren befinden sich Bilder, die an die ver-storbenen Familienmitglieder erinnern.

In der mystisch geheimnisvollen Atmo-sphäre der chinesischen Tempel entsteht dagegen bei ausländischen Besuchern ein kaum verständliches Bild: die Zahl der Göttergestalten scheint unüber-schaubar groß. Beliebte Darstellungen in vielen Tempeln sind Yu Huang, der Ja-dekaiser, mit einem mehrteiligen Bart und Shou Ying, der Gott der Langlebig-keit, der symbolisch einen Pfirsich hält. Der Kriegsgott Guan Di verkörpert die Gerechtigkeit und wird meist mit Waffe und rotem Gesicht dargestellt. Sun Wu-kong, »Seine Exellenz der Affe«, ist Herr über die Zauberwesen und die Geister von Krankheit und Mißerfolg. Er ist an seinem affenartigen Gesicht und den großen Händen zu erkennen.

Die Abgrenzung zwischen Göttern und

Geistern ist bei den Chinesen fließend und definiert sich eher über ihre guten oder bösen Eigenschaften. Nach ihrer Meinung können auch böse Götter und Geister dem Menschen Gutes bringen – zumindest Erkenntnis. In diesem Zusammenhang befragen die Gläubigen die Götter oft über ihre eigene Zukunft oder das Gelingen des Tages, indem sie von ihnen einen Orakelspruch erhoffen. Dazu schütteln sie einen Behälter mit Holzstäbchen bis einige herausfallen. Je nach Lage der Stäbchen kann hieraus zukünftiges abgelesen werden. Für die Ahnen wird falsches Papiergeld verbrannt oder es werden ihnen Wunschzettel zugeschickt. Hierzu stehen besondere Öfen zur Verfügung, die im Eingangsbereich der Tempel aufgestellt sind.

Spirituelle Handlungen sind ein wichtiger Bestandteil des religiösen Lebens

Hinduismus

Die Inder bilden in Malaysia die drittgrößte Bevölkerungsgruppe. Ihre Religion ist der Hinduismus. Der Begriff Hinduismus leitet sich von dem Wort Indus (oder Inchus), dem größten nordwestindischen Fluß, ab. Damit wurden alle in Indien – östlich des Indus – lebenden Menschen bezeichnet. Hinduismus bedeutet nicht nur eine Religion, sondern umfassend »indisches Wesen«, sowie dessen Lebens- und Glaubensformen. Man kann nicht zum Hinduismus übertreten, sondern nur als »Hindu« geboren werden.

Von Hinduismus im Sinne einer Religion sprach man erst, als dieser sich in Indien gegen den Buddhismus behaupten mußte. Seinen Ursprung fand er im Brahmanismus, der frühen Religion des Indus- und Gangeslandes, dessen Wissen in der Veda, ihrem heiligsten Buch, niedergeschrieben ist.

Der vierbändige Veda enthält Lobpreisungen der Götter, Gebete und Verfluchungen, die aus göttlichen Offenbarungen über einen langen Zeitraum gesammelt und aufgezeichnet wurden. Zur Veda gibt es kommentierende Zusatztexte, die Brahmanas, Aranyakas und die Upanishaden. Die Upanishaden entwickelten sich zu einer der bedeutendsten hinduistischen Denk- und Glaubensformen. Ein von selbst gewordenes schöpferisches Prinzip (Brahman) stand danach am Anfang des Universums und hat alles zum Fundament. Der Atem (Atman) bedeutet Leben und ist – gleich einem inneren Lenker – in allen Menschen, Tieren und Himmelskörpern allgegenwärtig. Er ist wie das Brahman unvergänglich und ewig. Daraus wird auch der Glaube an die Wiedergeburt abgeleitet. Für die hinduistische Religion sind Atman und Brahman gleich. Der Atman, zugleich das Selbst und die Seele des Menschen, verschmilzt mit dem Brahman, dem unpersönlich Absoluten – dem Prinzip der Welt. Das Brahman symbolisiert zugleich die Erlösung.

Die Entwicklung des Hinduismus verlief sehr uneinheitlich, teilweise sogar widersprüchlich, ohne Gründer, Dogmen und Predigten. Er ist sozusagen eine historisch und kulturell gewachsene Religion mit unzähligen Mythen, Geschichten und Fabeln sowie zahlreichen Göttererscheinungen. Um 500–1500 n. Chr. entstanden die Puanas (aus »alten Erzählungen«). Darin wird die Dreifaltigkeit (Trimurti) der Götter – Brahma, Vishnu und Shiva – beschrieben. Sie symbolisieren die Schöpfung, die Erhaltung und die Zerstörung der Welt. Das Interessante ist, daß diese Götter herabsteigen, sich verwandeln und den Menschen helfen oder sie bedrohen können (Herabkunft). So stieg beispielsweise Vishnu in seiner 7. Herabkunft als Prinz Rama herab, um die Menschen von Ravana, dem Riesenkönig der Unterwelt, zu befreien (Ramayana Legende). Auch Buddha und Jesus werden als Inkarnationen Vishnus angesehen. Weiterhin gilt das Prinzip des männlichen und weiblichen, das heißt, die Götter sind auch verheiratet: Vishnu mit Lakshmi, der Göttin des Glücks und der Schönheit; Shiva mit Durga, der großen Zerstörerin und Brahma mit Sarasvati, der Göttin der Weisheit. Zusätzlich gibt es eine fast unüberschaubar große Zahl göttlicher Wesen in menschlicher, tierischer oder halbtierischer Gestalt, wie z.B. Hanumat, den schlauen Affen und Helfer in Not, oder Ganesha, den Sohn Shivas, mit Ele-

fantenkopf. Vielfach wird jedoch davon ausgegangen, daß sich hinter allen Göttern und Wesen nur ein Gott, Ishvara, der Herr, verbirgt. Andere hinduistische Richtungen, die Vishnuiten, sehen wiederum in Vishnu ihren höchsten Gott und die Shivaiten in Shiva. Krishna, ein viel verehrter hinduistischer Gott, wird ebenfalls als reinkarnierter Vishnu betrachtet.

Die hinduistische Götterwelt wird in den Tempeln und daheim in kleinen Kapellen verehrt. Eine Tempelanlage bildet die Grenze zwischen der Welt der Menschen und der Götter. Sie darf nur ohne Schuhe, also ohne den Staub der Straße, betreten werden. Täglich werden die Götterbilder geweckt, gewaschen und gespeist. Der Ritus des Götteranrufens ist nur den Hindupriestern, den Brahmanen, bekannt. Sie geben auch zu weihende Opfergaben – meist Früchte und Kokosnüsse – an die Götter weiter, während die Gläubigen in andächtiger Haltung ihren Gott »erschauen«. Zum Abschluß umschreiten sie die Cella (Stätte des Mysteriums) – allen voran der Brahmane – und verehren die Götter in den Nebentempeln. Die Tempelhalle dient zusätzlich der Meditation und dem Gebet. Die Götter können aber auch daheim mit Lobgesängen, Ausstrecken der Hände und Bereitstellung von Girlandenschmuck, Früchten und Kokosnüssen geehrt werden.

Mensch und Natur

Mit Malaysia bringen die meisten zunächst ausgedehnte Regenwaldgebiete in Verbindung. Häufig werden danach

die landestypischen Tiere, wie Tiger und Orang-Utans genannt. Vielleicht beinhaltet der zweite Gedanke jedoch mehr den Wunsch, diese wirklich selten gewordenen Tiere selber einmal in freier Wildbahn zu sehen.

Zur Jahrhundertwende war Malaysia fast vollständig mit tropischem Urwald bedeckt. Heute macht die Fläche des ursprünglichen Tieflandregenwaldes gerade noch 10 % aus. Das scheint auf den ersten Blick recht unglaubwürdig, denn vom Flugzeug aus bietet sich dem Betrachter ein durchweg grünes Bild. Grund dafür sind die forstwirtschaftlichen Nutzflächen, die insbesondere unter der britischen Kolonialherrschaft im großen Stil angelegt wurden. Der Abholzung der tropischen Edelhölzer folgten großflächig angelegte Kautschuk-

und Ölpalmplantagen. Noch heute stellt der Wald für die Malaysier das größte Rohstoffpotential dar. Jährlich werden tropische Edelhölzer im Gegenwert von über 8 Milliarden Mark in alle Welt exportiert. Die abgeholzten Flächen nutzen die Landeigentümer dann gleich wieder für neue Plantagen. Doch nicht nur in Westmalaysia, der Halbinsel, fällt der Wald wirtschaftlichen Interessen zum Opfer. Auch in Ostmalaysia – Sabah und Sarawak – wird der Primärurwald rücksichtslos abgeholzt. Ganze Landstriche stehen bereits baumlos und karg da. Um an die großen, ökonomisch nutzbaren und wertvollen Bäume heranzukommen, muß viel »Unterholz« weichen. Zusätzlich werden breite Schneisen geschlagen, um die großen Stämme zügig abtransportieren zu können.

Es gibt nur noch wenige Regionen mit unberührter Natur in Malaysia

Stellt man einmal die Summe der Exporteinnahmen von 8 Milliarden Mark den tatsächlich genutzten Baumarten gegenüber, kann das Ausmaß der flächenmäßigen Abholzung leichter veranschaulicht werden. Von den etwa 2500 Baumarten werden gerade einmal 5 % wirtschaftlich genutzt! Der Rest wird einfach abgeholzt und nicht weiter verwendet. Immerhin ist es der Regierung gelungen, von den bereits erwähnten 10 % Restwaldbestand ein Zehntel unter Naturschutz zu stellen. Man vergegenwärtige sich also, daß somit ein ganzes Prozent des ehemals vorhandenen Urwaldes die zukünftige Zufluchtsstelle vieler Tierarten darstellen wird.

Für die Einwohner des Landes zieht die Rodung des Waldes ebenfalls beträchtliche Konsequenzen nach sich. Insbesondere die Waldbewohner, die Orang Asli, sind davon bedroht. Viele von ihnen leben jenseits moderner technischer Neuerungen lediglich von den Produkten, die ihnen der Urwald zur Verfügung stellte. Durch Brandrodung gewannen sie kleine Flächen zur Ackerbestellung, auf denen sie verschiedene Reisarten, Kartoffeln und Gemüse anbauten. Nach einem Anbauzeitraum von etwa 10 Jahren wurden die Äcker wieder dem Wald überlassen. Einige Gruppen der Orang Asli lebten auch einfach als Waldnomaden, ohne Brandrodung zu betreiben. Sie siedelten in Lichtungen, pflanzten gegebenenfalls Bananen, ansonsten sammelten sie Früchte und Wurzeln und jagten Waldtiere.

Bei der geringen Bevölkerungsdichte der Orang Asli konnte der Dschungel die brandgerodeten Flächen ohne größere Probleme wieder regenerieren. Heute ist der Lebensraum der Orang Asli stark gefährdet – in vielen Gebieten schon gar nicht mehr vorhanden – und ihre traditionelle Gesellschaftsform akut bedroht. Auch die traditionelle medizinische Versorgung mit Naturheilmitteln und Pflanzenextrakten, ehemals autark, obliegt heute den internationalen Pharmakonzernen. Im Zuge großer Abholzungsaktionen wurden zusätzlich auch viele Pflanzen ausgerottet, die den Orang Asli zur Herstellung ihrer Arzneien dienten.

Die Störungen des ökologischen Gleichgewichtes bringen nicht nur für die Orang Asli große Probleme mit sich – vielmehr ist die gesamte Bevölkerung betroffen. Bodenerosionen, Überschwemmungen Erdrutsche und Dürrezeiten sind die Auswirkungen einer planlosen Rodung des Waldes. Weitere Pflanzen (auch wichtige Nutzpflanzen) sterben aus, weil der verbleibende Wald nicht mehr ausreichend als Wasserspei-

Immer mehr Bäume weichen neuen Bungalows (Tioman)

Individuelles Dschungeltrekking erhöht die Chance auf eine gelungene Naturbeobachtung

Die Bevölkerung Malaysias ist gezwungen, sich dem unaufhaltsamen Modernisierungsprozeß des Landes anzupassen, besonders große Teile der ländlichen Bevölkerung müssen sich umstellen. Unter dieser Entwicklung leiden aber in erster Linie die Naturvölker Borneos, von denen ein großer Anteil schon heute unter der Grenze des Existenzminimums und als Analphabeten am Rande der Gesellschaft lebt. Die Stadtbevölkerung Westmalaysias kennt derartige Probleme kaum. Kuala Lumpur bietet als moderne Großstadt mit westlichem Charakter ihren Einwohnern alle Annehmlichkeiten. Sie expandiert vornehmlich durch die Profite, die sich zu großen Teilen aus dem Exporterlös der einheimischen Holzwirtschaft ergeben.

Umwelt und Tourismus

Malaysia gehört zu den Ländern Südostasiens, die sich bei europäischen Touristen zunehmender Beliebtheit erfreuen. Ein Beleg hierfür sind die jährlich steigenden Besucherzahlen.

Ein Grund mag sicherlich in der Faszination liegen, die von dem Hauch des unbekannt Exotischen ausgeht. Aber auch großangelegte Aufklärungskampagnen des malaysischen Tourismusverbandes haben dazu beigetragen, daß Malaysia in Europa bekannter wurde. Wer sich vor seiner Reise vom malaysischen Fremdenverkehrsamt Informationsmaterial zuschicken läßt, wird überrascht sein, wie umfangreich die Unterlagen sind. Zusätzlich locken viele attraktive Preisangebote, die die europäischen Touristen auf das Land aufmerksam machen sollen.

cher dienen kann. Darüber hinaus wird das noch vorhandene Restwasser zunehmend durch Abwässer verschmutzt, so daß es später lediglich mit technischen Verfahren aufwendig aufbereitet wieder weiter verwendet werden kann. Die Verschmutzung vieler Flüsse ist auf die Abwässer aus dem Bergbau (Zinnabbau!) zurückzuführen.

DAS Naturerlebnis: Junge Lederschildkröten auf dem Weg ins Leben!

Mit staatlich geförderten Programmen entstand eine »Visit-Year« Kampagne, die fast jährlich wieder aufgelegt wird (Visit-Asia-Year, Visit-Malaysia-Year, usw.). In diesen Zeiträumen können die Flugpreise nach Malaysia teilweise bis zu DM 500,— unter den Normaltarif sinken – oder die Inlandsflüge werden vergünstigt angeboten, damit die Gäste während ihres Urlaubs mehr kulturhistorische Stätten besichtigen können. Auch auf sportliche Aktivitäten muß der Urlauber nicht verzichten: Das Tennis-, Golf- und Tauchangebot wurde in den letzten Jahren erheblich erweitert.

Da viele Urlauber nicht nur die herkömmlichen Freizeitangebote nutzen wollen, sondern auch immer empfänglicher für ökologische Themen werden, reagierte der malayische Tourismusverband sofort und verstärkte die Werbung mit den Naturschönheiten, die das Land anzubieten hat. Mit den neuen Werbeschwerpunkten werden nicht nur neue Gäste geworben, sondern es können auch die sogenannten »Touristenhoch-

burgen« ein wenig entlastet werden. Früher waren Penang, Kuala Lumpur und Melaka (das historische Mallacca) die bekanntesten und am meisten bereisten Ziele in Malaysia. Heute verteilen sich die angebotenen Urlaubsorte bereits fast über das ganze Land.

In den weniger bereisten Gebieten, vornehmlich an der Ostküste Westmalaysias und auf Borneo, findet der Besucher ein großes Angebot, um die faszinierende Fauna und Flora des Landes kennenzulernen. Es werden Ausflüge, Dschungeltrekking und naturkundliche Führungen angeboten. Außerdem kann der interessierte Gast in diesen Gebieten viele Einblicke in die typische, traditionelle Lebensweise der malayischen Landbevölkerung gewinnen.

Der ständig zunehmende Besucherstrom in Malaysia bringt jedoch neben den gewinnbringenden Devisen einige nicht vorausbedachte Probleme mit sich.

Zwangsläufig entstehen zur Unterbringung der Touristen immer mehr Bunga-

low- und Hotelanlagen. Bei der Planung neuer Projekte werden aber leider nur allzu oft die Belange des Umweltschutzes nicht mitberücksichtigt. Finden finanzstarke Investoren attraktiv erscheinende Plätze, muß die Natur mit ihren natürlich gewachsenen Lebensräumen rigoros weichen, und es entstehen großzügige Anlagen, die natürlich auch hinsichtlich des Komforts für die ausländischen Gäste nichts zu wünschen übrig lassen sollen. Dabei soll die internationale Wettbewerbsfähigkeit mit Swimming-Pools direkt am Meer, Tennisplätzen oder hoteleigenen Golfplätzen dokumentiert werden. Beispiele dafür gäbe es viele aufzuzählen: So wurden beispielsweise Teile eines Berges auf Tioman einfach weggesprengt, um einen bereits vorhandenen 9-Loch Golfplatz auf den internationalen 18-Loch Standard zu erweitern. Ebenfalls auf Tioman errichtete man ein Rollfeld, das es ermöglicht, die Gäste jetzt auch bequem per Flieger von Kuala Lumpur und Singapore auf die Insel zu befördern.

Der Ausbau der Infrastruktur schreitet so schnell voran, daß beim Bau neuer Projekte keine Zeit für geeignete Umweltschutzmaßnahmen bleiben kann. Unter Zeitdruck oder unter kostensparenden Gesichtspunkten werden Straßen und Zufahrtswege gebaut. Im Vordergrund der Überlegung stehen möglichst schnelle und bequeme Transfermöglichkeiten für die Gäste. Liegt ein Ziel zu weit von einem schon bestehenden Flughafen entfernt oder erscheint die Anreise zu umständlich, wird sofort überlegt, wo eine Möglichkeit für ein weiteres Rollfeld besteht. Selbst auf den winzigen Perhentian Inseln, die seit 1991 ein beliebtes Taucherziel sind,

sucht man bereits nach einem geeigneten Platz.

Einige Malaysier scheinen mittlerweile die Notwendigkeit eines sinnvollen Umweltschutzes zu erkennen und hegen »ihre« Natur, um sie den Gästen auch in Zukunft noch zeigen zu können. Gebiete mit noch ursprünglichen und intakten Lebensräumen werden jetzt zunehmends unter Naturschutz gestellt und zu Nationalparks erklärt. Es werden Naturlehrpfade angelegt, auf denen die zu sehenden Besonderheiten beschrieben werden. Bei vielen Trekking-Touren besteht die Möglichkeit, sich von einem naturkundlich geschulten Führer begleiten zu lassen. Oftmals kommen die »Parkranger« sogar selbst mit und führen die Besucher durch den Dschungel. Dabei spielt sicherlich auch ihr gesunder Nationalstolz eine Rolle, wenn sie den Ausländern die Naturschönheiten ihres Land präsentieren können.

Zu den Nationalparks an Land kommen immer mehr Seegebiete mit Korallenlandschaften als Marine National Parks

»Das Meer ist groß und tief!«

hinzu. Mit dieser Maßnahme versucht die malayische Regierung natürlich in erster Linie den weltweit anhaltenden Boom des Tauchsports devisenbringend umzusetzen. Die Tauchlehrer achten vor Ort oft vorbildlich auf die Erhaltung der Tauchplätze und versuchen die Taucher und Schnorchler auf die Schutzbedürftigkeit der Korallenriffe aufmerksam zu machen.

Die beschriebenen Maßnahmen und Aktivitäten sind für den Umweltschutz in Malaysia sehr begrüßenswert. Sie schließen das Betreten des Menschen in den Naturschutzgebieten nicht (wie vielfach in Europa festzustellen!) aus, sondern zeigen und erklären ihre Naturschätze. Schließlich erkennen viele Menschen erst die Schutzbedürftigkeit natürlicher Lebensräume, wenn sie direkt damit in Berührung gekommen sind. Ohne das Verständnis für biologische Zusammenhänge vor Ort kann ein acht- und respektloses Verhalten in der Natur sicherlich nicht immer als vorsätzlich bewertet werden.

Andererseits kann sich jedoch eine mangelhafte Führung oder Aufsicht auch nachteilig auswirken. Bei Marang an der Ostküste kommen jedes Jahr im Sommer die selten gewordenen Lederschildkröten (Leatherback Turtle, *Dermochelys coriacea*) an Land, um in der Nacht ihre Eier im weichen Sand zu vergraben. Dort entwickelte sich das nächtliche Naturschauspiel leider zu einem unkontrollierten Touristenrummel unbeschreiblichen Ausmaßes. Die wartenden Zuschauer entfachen Lagerfeuer und feiern spontan inszenierte Strandfeste, um die Zeit, bis eine Schildkröte an den Strand kommt, zu überbrücken. Selbst das eigens zur Aufklärung und Überwachung

Igelfischlampenschirme sind geschmacklos

gegründete »Turtle Information Centre« in Marang kann die volksfestähnlichen Ansammlungen nicht dirigieren. Es fehlt immer noch an geeigneten Maßnahmen, damit die Schildkröten ungestört ihre Eiablage vornehmen können. Viele Tiere unterbrechen wenn sie sich gestört fühlen notgedrungen ihren Landgang und legen weniger oder erst gar keine Eier ab. Ist die Eiablage einmal unterbrochen, kehren die Schildkröten nie wieder an den gleichen Strand zurück.

Wie viele asiatische Länder steht auch Malaysia vor einem weiteren Problem, das (wenngleich meistens unbeabsichtigt) vom Tourismus stark gefördert wird: der sinnvollen und umweltschonenden Müllentsorgung! Insbesondere auf den Inseln entsteht vermehrt die Suche nach hierfür geeigneten Lösungen. Früher bestand der anfallende Müll überwiegend aus organischen Produkten, die das Meer aufnahm und verarbeitete. Wird der Müll heute einfach ins Meer geworfen, zersetzen sich die vielen künstlichen Produkte wie Getränke-

dosen oder Kunststoffverpackungen keineswegs auf natürlichem Wege – ja zum Teil sogar überhaupt nie mehr! Der Prozeß des Umdenkens ist schwer und langwierig.

Noch immer ist die Versuchung groß, sich des Unrats auf die einfachste Art zu entledigen und den Müll einfach »über Bord« zu kippen. »Das Meer ist groß und tief!« lautet eine oft gehörte Aussage dazu. Um das Müllproblem auf den Inseln ein wenig in Griff zu bekommen, könnte die Einführung von Pfandflaschen weiterhelfen. Dagegen verwehren sich jedoch Manager der Hotelanlagen mit der simplen Begründung: »Dosengetränke können beim Transport nicht zerbrechen!« Dafür treiben sie dann später am Strand oder sie werden in unbewohnten Buchten an Land gespült. Manchmal lassen die Ressortbesitzer ihren Müll direkt hinter den eigenen Anlagen vergraben. Da einer zukunftsorientierten Müllentsorgung oftmals nicht der richtige Stellenwert beigemessen wird, mag sich auch keiner so ernsthaft um weiterführende Lösungen bemühen.

Meistens wird der Müll verbrannt, später mit Erde aufgeschüttet und die so entstandenen Hügel anschließend mit Blumen bepflanzt. Doch bis sich die Blütenpracht auf den Müllbergen entfaltet, schleichen sich oft ungebetene Plagegeister ein, die zwischen den Abfällen nach verwertbaren Futterresten suchen. Ratten und anderes Ungeziefer sind schnell zur Stelle, wenn es gilt, unachtsam liegengelassene Nahrungsreste aufzuspüren.

Erfreulicherweise entwickelt der malayische Tourismusverband verstärkt Programme, die auf den dringend notwendigen Umweltschutz aufmerksam machen sollen. Die Touristen werden durch Schilder und Informationstafeln darauf hingewiesen. Malaysier haben die Möglichkeit, an speziellen Weiterbildungsmaßnahmen mit gesonderten Umweltschutzthemen teilzunehmen. Mit diesen Maßnahmen wird ein vorbildlicher Anfang eingeleitet. In den touristisch inter-

Eine nicht angeblitzte Lederschildkröte bei der Eiablage

essanten Gebieten achten die Malaysier, wie schon beschrieben, ohnehin sehr auf ihre natürlichen Lebensräume, soweit es in ihrem Einflußbereich steht. Damit auch Sie einen zumindest kleinen Beitrag zur Erhaltung der Natur leisten können, nachfolgend ein paar Tips zum umweltschonenden Verhalten:

Tips zum Umweltschutz

Verzichten Sie auf den Kauf von Souvenirs in Form bedrohter Tiere und Pflanzen. Das Washingtoner Artenschutzabkommen verbietet ohnehin deren Import nach Europa.

Kaufen Sie keinen Schmuck aus schwarzen oder roten Korallen, Schildkrötenpanzer und Muscheln!

Kaufen Sie keine getrockneten präparierten Meerestiere oder Fische. Igelfische als Lampenschirme sind einfach geschmacklos!

Trinken Sie wenn möglich Softdrinks, Bier und Mineralwasser nur aus Pfandflaschen. Noch besser schmeckt Bier natürlich aus dem Faß . . .

Jagen Sie in der Natur nie zum reinen Vergnügen!

Hinterlassen Sie bei Dschungeltouren nur Ihre Fußabdrücke und nehmen Sie Ihren Müll wieder mit zur Hotelanlage zurück!

In Malaysia kommen jedes Jahr viele Schildkröten nachts zur Eiablage aus dem Meer. Darunter befinden sich auch seltene Arten, die vom Aussterben bedroht sind. Wenn Sie Zeuge dieses einmaligen Naturschauspiels sind, verhalten Sie sich ruhig und beobachten Sie die Eiablage aus einer Entfernung, die die Schildkröten nicht stört. Leuchten Sie die Tiere nicht mit Taschenlampen an und fotografieren Sie nicht mit Blitz! Brechen Sie unter Wasser keine Korallen ab und stellen Sie beim Tauchen stets die Beobachtung in den Vordergrund. Verzichten Sie als Unterwasserfotograf zugunsten einer intakten Rifflandschaft lieber einmal auf ein Foto.

Nehmen Sie keine Eingriffe in natürliche Verhaltensweisen vor. Muränen- und Haifütterungen sind Spektakel, die in der Vergangenheit vielleicht einmal als Sensation bezeichnet wurden. Schildkröten- und Mantareiten sind ebenfalls ein eher zweifelhaftes Vergnügen.

Nehmen Sie als Taucher oder Schnorchler keine Muscheln aus dem Meer. Auch leere Muscheln dienen einigen Meeresbewohnern, wie zum Beispiel Einsiedlerkrebsen, als Behausung.

Nehmen Sie mitgebrachte Batterien und Plastikbehälter (Shampoo, Sonnencreme, usw.) wieder mit nach Hause. Dort sind sie leichter zu entsorgen als am Urlaubsort. Schließlich hatten diese Gegenstände auf der Anreise auch ihren Platz im Koffer!

Streifzug durch die Natur

Der tropische Regenwald

Nördlich und südlich des Äquators verläuft zwischen dem Wendekreis des Krebses und des Steinbocks der Tropengürtel unserer Erde. In dieser Zone herrscht – ähnlich in einem Treibhaus – ein immer feuchtwarmes Klima mit durchschnittlichen Jahrestemperaturen zwischen 24 °C und 30 °C sowie Niederschlagsmengen von 1500 mm bis teilweise über 10000 mm. Hohe Niederschlagsmengen und hohe Temperaturen haben eine relative Luftfeuchtigkeit zur Folge, die fast immer über 80 % liegt. Doch gerade diese klimatischen, für den Tropengürtel typischen Gegebenheiten schaffen die idealen Voraussetzungen für das Gedeihen des tropischen Regenwaldes.

Genau genommen gibt es nicht »den« tropischen Regenwald. Das Phänomen Regenwald bedarf vielmehr einer differenzierten Betrachtung. Die Regenwälder selber lassen sich in verschiedene Vegetationsformen unterteilen: die *immergrünen Regenwälder* und die *halbimmergrünen und regengrünen Wälder*. Sie bedecken die niedrigeren Regionen und fallen deshalb oft unter den Begriff »Flach- oder Tieflandregenwald«. Ab 600–1000 m über dem Meeresspiegel schließt sich der Bergregenwald (montane Regenwälder) an. In etwa 1600 m Höhe folgt der sogenannte Nebelwald, der sich bis zur Höhe der Baumgrenze hinzieht. In Malaysia findet man Nebelwälder lediglich am Mount Kinnabalu. In den Niederungen der Küsten geht der tropische Regenwald in der Regel über

Etwa 5000 Baumarten kommen im tropischen Regenwald vor

in die Vegetationszone der Mangroven-wälder.

Der tropische Regenwald beeindruckt durch seinen vielfältigen Baumbestand. Weltweit wurden bereits mehr als 10000 verschiedene Arten beschrieben, und ständig kommen neue hinzu. Alleine auf Malaysia entfallen etwa 5000 Baumarten (und mehr als 50000 Pflanzenarten!). So können sich im tropischen Regenwald auf einen Hektar verteilt bis zu 200 verschiedene Baumsorten befinden. In Europa sind es vergleichsweise etwa drei Arten pro Hektar. Charakteristisch ist die hochgelegene Blattlaubschicht der Baumkronen, aus der nur vereinzelt noch höhere Bäume (Überständer) herausragen. Dieses dichte Blätterdach kann zwischen 40 und 50 m hoch werden und ist ziemlich lichtundurchlässig. Dadurch sind die Lebensbedingungen der kleineren und

Farne und Moose gesellen sich gerne zu größeren Bäumen

niedrigen Pflanzen sehr eingeschränkt. Die Folge ist, daß sich auf dem Boden viel weniger Arten ansiedeln, die dann mit auffällig großen Blättern versuchen, den spärlichen Lichteinfall optimal auszunutzen. Andere Pflanzen, sogenannte Aufsitzerpflanzen (Epiphyten), bewohnen wiederum die größeren Bäume, wo eine Versorgung mit dem lebensnotwendigen Sonnenlicht eher gewährleistet ist. Im malayischen Regenwald kommen besonders viele Farnarten vor, die sich als Epiphyten möglichst hoch an den Bäumen emporranken.

Im immergrünen Regenwald gibt es keine jahreszeitlich bedingte Blütezeit oder Laubverfärbung bzw. Laubfall, wie wir es in Europa vom Frühling und Herbst gewohnt sind. Die Blütezeit erstreckt sich vielmehr über das ganze Jahr, und hängt von der Blühzeit der einzelnen Pflanzenarten ab. Auch der Laubfall vollzieht sich je nach Pflanzenart nicht periodisch. Deshalb wirkt der tropische Regenwald aus der Ferne betrachtet immer satt grün. Doch im Verborgenen blüht erstaunliches, was sich dem Betrachter erst bei genauem Hinsehen erschließt. Insbesondere die Vielfalt der epiphytisch lebenden Orchideenarten ist beeindrukkend.

Die unregelmäßig aber ständig abfallenden Blätter der einzelnen Bäume und die Körper toter Tiere zersetzen sich durch die Temperaturen und die hohe Luftfeuchtigkeit relativ schnell. Sie bilden somit die Grundlage, von der sich der Wald selbst ernähren kann. Da die Böden tropischer Regionen meist sehr nährstoffarm und dünnlagig sind, können sie allein den Bedarf des Waldes nicht abdecken. Der Regenwald bildet sozusagen seinen eigenen Nährstoff-

Einige Orchideenarten, z.B. Dendrobium spec., wachsen auf Bäumen

folgend – Gummibaum-, Ölpalm- oder Kokospalmplantagen an. Wo der Boden noch fruchtbar genug erscheint, entstehen zusätzlich Obstbaumplantagen.

Der halbimmergrüne Wald kennt ähnlich wie unsere Wälder jahreszeitlich wechselnde klimatische Bedingungen. Prägen in einer Region mehrere feuchte Monate (über 100 mm Niederschlag) und mehrere trockene Monate das Klima, so verlieren besonders die größeren Bäume ihr Blattwerk in bestimmten Abständen. In Malaysia ist das vornehmlich in den Gebieten mit ausgeprägten Nordost- und Südwestmonsuneinflüssen festzustellen. Dort beginnt die Blüte dann kurz vor der Regenzeit, wenn die Temperaturen leicht ansteigen. In den feuchteren Gebieten trifft man auf einen sehr dichten halbimmergrünen Regenwald, in dem es viele Lianen und verschiedenste Epiphyten gibt.

Die Untergrenze des montanen Bergregenwaldes beginnt zwischen 600 und 1000 m Höhe. Es ergeben sich dadurch zwar tageszeitliche Temperaturunterschiede (nachts wird es deutlich kühler), über das Jahr verteilt, verhalten sich Temperatur und Niederschläge jedoch ziemlich konstant. Die vormittags auftretenden Nebel in den höheren Lagen sorgen zusätzlich für eine gleichmäßige Befeuchtung. Dadurch ist der Nebelwald besonders artenreich und fast undurchdringlich bewachsen. Große Farngewächse, Moose und niedrigere Pflanzen gesellen sich zu den größeren Bäumen, die ihrerseits wiederum zusätzlich mit zahlreichen Aufsitzerpflanzen besetzt sind. So haben sich in Ostmalaysia auch die meisten Orchideenarten angesiedelt. Die Artenfülle und Dichtigkeit des montanen Nebelwaldes vermittelt bis zur

zyklus. Hiermit wird klar, daß eine Brandrodung oder Abholzung des Waldes den Zyklus der Nährstoffaufbereitung des Bodens schnell unterbrechen kann. Der Boden ist in kurzer Zeit wieder unfruchtbar oder wird fortgeschwemmt. Der Regenwald Malaysias verfügt über viele Edelholzarten und ist besonders durch die immer noch anhaltende, großräumige Abholzung gefährdet. Die bis zu 50 m langen Baumriesen werden überwiegend zu Möbeln verarbeitet und exportiert. Mittlerweile sind schon ganze Landstriche kahlgeschlagen. Auf den frei gewordenen Flächen legen die Grundbesitzer danach – dem wirtschaftlichen Prinzip der weltweiten Nachfrage

Baumgrenze das Bild eines undurch-dringlichen Dschungels, wie wir ihn uns vorstellen. Die besten Überlebenschan-cen in den Höhenregionen besitzen die Wälder, weil an den teilweise steilen Berghängen keine Nutzholzplantagen entstehen können.

Die Tierwelt

Ähnlich wie in Thailand oder im indone-sischen Sumatra werden mit Malaysias Tierwelt Tiger, Elefanten, Affen sowie die landestypischen Orang Utans in Verbin-dung gebracht. Teakbäume, an die jeder sofort denkt, wenn er den Begriff »Tro-pischer Regenwald« hört, gibt es zwar in Malaysia auch, das zentrale Verbrei-tungsgebiet mit ausgedehnten Teakwäl-dern liegt – bzw. lag! – jedoch mehr in Nordthailand, Laos und Burma.

Die Natur Malaysias erweist sich als so vielfältig wie kaum irgendwo anders in Südostasien. Seit etwa 150 Millionen Jahren begünstigt ein nahezu gleichblei-bendes Klima das Gebiet, so daß die Na-tur sich ungestört in ihrer ganzen Pracht entfalten konnte.

Jeder, der Malaysia schon einmal be-sucht hat, hat seine ganz besonderen Er-innerungen. Die Taucher schwärmen natürlich vorzugsweise von den tropi-schen Rifflandschaften mit ihren vielen bunten Bewohnern. Dem Feinschmek-ker fällt vielleicht wieder die umfangrei-che Auswahl tropischer Früchte ein, während der moderne Robinson eine anhaltende Begeisterung für die langen, einsamen Strände in sich trägt. Viele Bo-taniker sind von der floristischen Vielfalt des Landes verzaubert. Sie können allei-

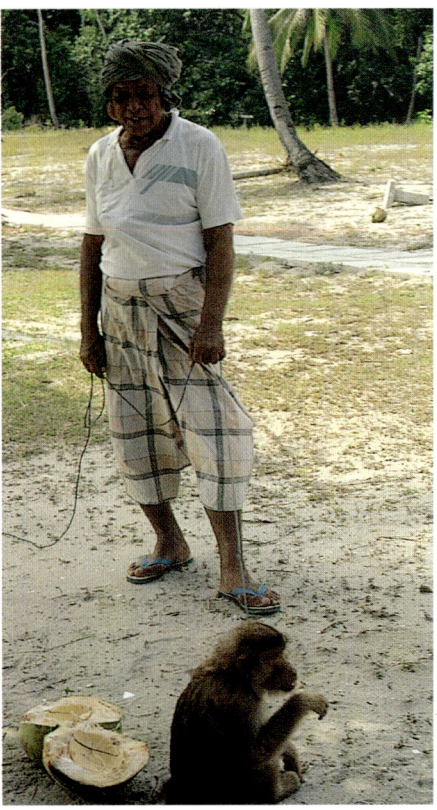

Dressierte Schweinsaffen (Macaca nemestrina) helfen bei der Kokosnußernte

Nächste Seite:

Oben links: Vorsicht vor vermeintlich zahmen Affen! Sie beißen schnell
Oben Mitte: Indische Hirtenstare sind in Malaysia weitverbreitet
Oben rechts: Weißbart-Ruderfrösche (Rhacophorus leucomystax) kommen manchmal bis in die Bungalows
Mitte: Waglers Lanzenotter (Trimeresurus wagleri)
Unten: Wasserbüffel (Babulus arnee) sind in Malaysia häufig zu sehen

Malaienbären (Helarctos malayanus) können dem Menschen gefährlich werden

Orang Utan (Pongo pygmaeus) auf Borneo

Elefanten sind in freier Wildbahn kaum zu sehen. Auf Borneo gibt es spezielle Auswilderungsstationen für Elefanten

ne um den Mount Kinnabalu mehr als 800 verschiedene Orchideenarten bewundern.

Den Industrialisierungsprozessen und Rohstoffinteressen der Kolonialmächte mußten leider große Gebiete mit ursprünglicher Natur in Südostasien weichen. Insbesondere die ertragreichen Regenwälder Malaysias waren davon betroffen. Zusätzlich bedrohen die modernen Erscheinungen eines aufkommenden Massentourismus das ökologische Gleichgewicht nachhaltig. Da Malaysia von allen aufgeführten Faktoren stark betroffen ist, soll in diesem Kapitel dem Leser die Natur des Landes näher gebracht werden. Die meisten naturinteressierten Taucher können sich über das vielfältig bunte Leben unter dem Meeresspiegel hinaus auch für die Naturschönheiten an Land begeistern und wollen gerne mehr über landesspezifische Besonderheiten kennenlernen. Besonders die Länder des Tropengürtels bieten für Europäer vielfältige Möglichkeiten für neue Entdeckungen.

Häufig kann erst das Wissen um biologische Zusammenhänge einen ersten Schritt zur Erhaltung natürlich gewachsener Lebensräume bedeuten. Denn nur im Wissen um die Schutzbedürftigkeit der Natur können wir zumindest einen kleinen Teil zum umweltgerechteren Verhalten beitragen. Dabei will und darf sich keiner als Besserwisser aufspielen, sondern sollte lediglich versuchen, mit gutem Beispiel voranzugehen. Wie in vorangegangenen Kapiteln schon angesprochen, unternimmt die malaysische Regierung große Anstrengungen, die noch vorhandenen »Restbestände« ihrer einst unüberschaubaren Artenfülle an Tieren und Pflanzen wirkungsvoll zu

schützen. Doch leider scheitern einige Projekte und manch guter Vorsatz häufig am profitorientierten Denken weniger Einheimischer, die skrupellos im Touristikgeschäft operieren. Sie nehmen oftmals keine Rücksicht auf die Natur und meinen darüber hinaus noch, den Touristen etwas besonderes zu bieten. Oder aber die Touristen tragen selbst dazu bei, wenn sie sich unwissend oder achtlos in der Natur bewegen. Deshalb möchte ich an dieser Stelle noch einmal auf die Verhaltenstips auf Seite 45 ff. hinweisen!

Das Land Malaysia bietet seinen Besuchern auch heute noch einmalige Gelegenheiten, die tropische Fauna und Flora kennenzulernen. Die Artenfülle scheint auf den ersten Blick nach wie vor unüberschaubar.

Ein Vergleich der in Malaysia lebenden Säugetierarten mit beispielsweise Dänemark verdeutlicht eindrucksvoll die Artenvielfalt auf der malayischen Halbinsel gegenüber den europäischen Breitengraden. Dänemark besitzt ungefähr die gleiche Fläche wie Westmalaysia. In Westmalaysia leben mindestens 213 Säugetierarten, in Dänemark 45. In Westmalaysia findet man allein 83 Fledermausarten (Dänemark 12), 54 Nager (Dänemark 14) und 29 Raubtiere (Dänemark 8).

Die größeren Säugetiere sind in Malaysia wegen der fortschreitenden Lebensraumzerstörung erheblich gefährdet. Hierzu zählen der Elefant, das Gaur (ein Wildrind, *Bos gaurus),* das Sumatra-Nashorn, der Malaysische Sonnenbär (auch Kragenbär, *Helarctos malayanus*) und der Tiger. Das Java-Nashorn wurde bereits 1932 ausgerottet. Die Dichte des Sumatra-Nashorns im Endau Rompin

Nationalpark betrug 1983 maximal 1 Tier/40 km². Heute ist es dort kaum noch anzutreffen. Die Reviergrößen, die manche Tiere zum Leben brauchen, sind erstaunlich. Ein Tapir benötigt etwa 12 km² Revierfläche. Familienverbände des Lar (Gibbon) beanspruchen ein Revier von ca. 58 ha. Die Gibbonpopulation reduzierte sich in Westmalaysia aufgrund des Rückganges der Waldfläche des Landes von 1958 bis 1975 um mehr als 50 %! Auch andere Affenarten erlitten einen heftigen Populationsschwund. Der bekannte Naturforscher R. A. Wallace schrieb schon 1869 in seinen Aufzeichnungen, daß Tiger und Nashörner nur noch vereinzelt zu finden sind, die vielen Elefanten, die es vor seiner Zeit in Malaysia gab, aber alle verschwunden seien. Wen wundert es da, wenn Park Ranger nach 25jähriger Tätigkeit noch nie einem Tiger begegnet sind.

Wer heute in einem Naturschutzpark einen Tiger, Leoparden, Elefanten oder ein Nashorn zu Gesicht bekommt, darf sich zu den wenigen ganz Glücklichen zählen. Öfter kommen dagegen Fledermäuse, Fliegende Hunde, Wildschweine und Wasserbüffel vor. In einigen Gegenden können sogar Malaienbären (Kragenbären) und Tapire beobachtet werden.

Wahrscheinlicher sind für den Malaysiabesucher Begegnungen mit Affen. Die häufigsten Arten sind Makakken, Lemuren und Gibbons. Eine rotbraune Makakkenart wird gezähmt und für die Kokosnußernte antrainiert. An einer langen Leine klettern die Männchen die Palmen hoch und können nach einer guten Ausbildung auf Kommando mit den Füßen mehrere hundert Kokosnüsse an einem Tag abdrehen.

Auf Borneo leben zusätzlich Nasenaffen und Orang Utans, die jedoch in freier Wildbahn nur selten zu beobachten sind. Die Bejagung der Orang Utans durch den Menschen, ihrem fast einzigen Feind, hat sie selten werden lassen. Die Zahl der Orang Utans schrumpfte in weniger als 100 Jahren von etwa 1 Million Tiere auf knapp 2000. Noch heute werden viele Elterntiere getötet, um an die Jungen zu gelangen. Diese lassen sich dann zu höheren Preisen an die Zoos verkaufen.

Um die eindrucksvollen Orang Utans kennenzulernen, nutzen viele Gäste einen Ausflug zu den sogenannten Rehabilitations-Stationen. Die Orang Utans leben dort von klein auf und werden gezielt an ihren natürlichen Lebensraum gewöhnt, so daß sie später im Dschungel selbständig überleben können. Einige ausgewachsene Tiere kommen jedoch immer wieder auf einen Besuch zu ihren ehemaligen Aufzuchtstationen zurück. Hier profitieren sie von dem leichten Nahrungserwerb in Form vieler bereitgelegter Früchte. An solchen Stationen, wie zum Beispiel in Sepilok bei Sandakan, können diese Tiere wirklich hautnah erlebt werden. Der Tourismus kann, wenn er von fachkundigem Personal vernünftig angeleitet wird, durch solche Einrichtungen sinnvoll zum besseren Umweltverständnis beitragen. Für eine Orang Utan-Station trifft das auch für größere Besucherzahlen zu. Ansonsten könnten sich diese vorbildlichen Einrichtungen nicht finanzieren.

Ähnlich verhält es sich mit dem Schutz der vielen Meeresschildkröten, die in Malaysia jedes Jahr zur Eiablage an die Strände kommen. Ein speziell eingerichtetes »Turtle Information Centre« bei Marang (Rantau Abang) im Sultanat

Trengganu überwacht die nächtlichen Eiablageaktivitäten und unterhält eine Aufzucht- und Brutstation. Die abgelegten Schildkröteneier des gesamten Küstenabschnittes werden gesammelt und dort unter Aufsicht gehalten.

Das fachkundige Personal klärt nicht nur die einheimische Bevölkerung, sondern auch Touristen über seine Arbeit und Absichten auf. Im Turtle Information Centre kann der gesamte Lebenslauf einer Schildkröte von Geburt an auf Bildern verfolgt werden. Kunststoffmodelle der verschiedenen Altersstadien verdeutlichen dies eindrucksvoll. Im Moment der Geburt droht den kleinen Schildkröten bereits große Gefahr: kaum sind sie aus dem Ei geschlüpft, lauern schon viele kreisende Greifvögel auf die leichte Beute. Die Gäste des Turtle Information Centre können sich dann behilflich zeigen und die kleinen Krabbelmeister sicher über den Strand ins Meer geleiten. Dort sind sie dann ihrem weiteren Schicksal überlassen. Gerade geschlüpfte Meeresschildkröten gehören zur bevorzugten Beute von Haien und Barrakudas. Drei von Tausend Jungtieren überle-

Lederschildkröten (Dermochelys coriacea) nach dem Schlüpfen am Strand von Marang

ben alle natürlichen Gefahren und können ihrerseits später zur Arterhaltung beitragen. Sicherlich stellt es für viele Naturliebhaber ein ganz besonderes Erlebnis dar, selbst einmal kleine Schildkröten »zu Wasser gelassen zu haben«. Spätestens ab diesem Zeitpunkt kann sich die Einstellung zur Erhaltung der bedrohten Tiere grundlegend wandeln. Derartige Aktionen, in die anreisende Gäste teilweise sogar überraschend mit einbezogen werden, mögen vielleicht aus vielerlei Hinsicht umstritten sein, sie fördern meines Erachtens jedoch den Geist der Sache ganz erheblich. In Südostasien gelingen solche Unternehmungen oftmals aus einem ganz ungezwungenen Umfeld heraus viel einfacher. Naturschutzprojekte in Europa dagegen beginnen in der Praxis meist mit dem Zusatz »Zutritt verboten«. Es mag dahingestellt bleiben, ob diese Art des Naturschutzes mehr Verständnis weckt oder einfach nur dem Grundgedanken der Effizienz dienlicher ist.

Kleine Schildkröten in menschlicher Obhut, Suppenschildkröten (Chelonia mydas)

Zu den etwa 200 verschiedenen Reptilienarten (Schlangen, Geckos, Krokodile und Schildkröten), die in Malaysia beheimatet sind, reihen sich eine große Anzahl von Amphibien, zu denen die Frösche, Kröten, Lurche, Molche und Salamander gezählt werden. Um Reptilien – mit Ausnahme der Geckos – in freier Wildbahn zu sehen, bedarf es jedoch schon einer großen Portion Glücks. Schlangen sind meist nachtaktiv. Sollten

Warane begegnet man eher selten

Krokodile kommen nur vereinzelt in der Nähe von Flüssen vor. Charakteristisches Merkmal des Sundagavials (Tomistoma schlegelii) ist die langgezogene Schnauze

sie einmal tagsüber unterwegs sein, so reagieren sie auf Bodenvibrationen und machen sich meist frühzeitig davon – noch ehe ein Mensch nur die Möglichkeit hat, in ihrer Nähe aufzukreuzen. Dennoch empfiehlt es sich für den Fall, daß man eine Schlange überrascht, auf Dschungelexkursionen festes Schuhwerk zu tragen. In Malaysia sind Phytons, Kobras (auch die hochgiftige Königskobra), Lanzenottern und Krait beheimatet.

Das größte Reptil Malaysias, das Leistenkrokodil, kann 9 m Länge erreichen. Der Waldfrosch ist mit wenigen Zentimetern Größe der kleinste amphibische Vertreter.

Von den etwa 500 Vogelarten, die in Malaysia beheimatet sind, kommen die Indischen Hirtenstare fast überall vor. Sie besiedeln mit Vorliebe die Städte und Dörfer, in denen sie von verwertbaren Nahrungsresten picken. Dem ornithologisch interessierten Besucher begegnen zusätzlich häufig Beos, verschiedene Taubenarten, Eisvögel sowie eine Reihe unterschiedlicher Greifvögel. Taucher können an der Ostküste Westmalaysias häufig Weißbauchseeadler beobachten. Sie bevorzugen die felsigen Klippen der kleinen vorgelagerten Inseln als Wohnstätte. Auf Borneo können mit etwas

Glück die eindrucksvollen Nashornvögel gesichtet werden.

Die Klasse der Insekten ist im Tierreich die umfang- und artenreichste von allen. Über 100 000 verschiedene Insektenarten sind alleine in Malaysia bekannt. Schmetterlinge zählen zu den ständigen Begleitern naturkundlicher Ausflüge, Libellen schwirren überall, wo es Feuchtigkeit und Wasser gibt, umher, und kleinste sowie erstaunlich große Ameisen befördern unermüdlich ihre schweren Lasten auf den schnell gebildeten »Ameisenstraßen«. Eine besonders große Art, die Riesenameise, kann im Dschungel häufig beobachtet werden: sie wird bis zu 2,5 cm lang!

Interessant sind auch die vielen Termitenarten, die neben den Ameisen zu den wichtigsten Konsumenten von Pflanzenmaterial (Laubstreu, Flechten, Moose und verrottetes Holz) gehören. Alleine in Westmalaysia wurden 150 Termitenarten beschrieben. Im Regenwaldboden können auf einem Quadratmeter bis zu 4 000 Termiten leben. Es handelt sich um soziale Insekten; jeder Staat ist in unterschiedliche Kasten unterteilt. Man unterscheidet geflügelte Fortpflanzungstiere, blinde, flügellose Arbeiter und Soldaten, die mit ihren mächtigen Kieferzangen alle Lebewesen (auch unvorsichtige Naturfotografen!) attackieren, die dem Nest zu nahe kommen. Die eilegenden Königinnen mancher Arten können bis zu 60 g wiegen und 30 000 Eier pro Tag legen. Ihre Nester bauen sie in der Erde, an und in lebenden sowie abgestorbenen Baumstämmen und in Baumwipfeln. Die meisten Arten bauen die Nester aus Pflanzen- oder Erdmaterial, welches sie mit ihrem Kot verkleben. Ähnlich wie Ameisen können Termiten auch gele-

Eine seltene Begegnung: der Nashornvogel oder Doppelhornvogel (Buceros rhinozeros)

gentlich auf »Freßwanderungen« in Termitenstraßen auf dem Waldboden beobachtet werden. Termiten fressen vornehmlich totes, faulendes Pflanzenmaterial. Mit Hilfe von Bakterien und Pilzen verdauen sie Zellulose und andere Pflanzenbestandteile (Lignin). Im Darm etlicher Termitenarten leben zusätzlich einzellige Tiere (Flagellaten), die für sie die notwenigen Verdauungsenzyme produzieren. Werden die Einzeller abgetötet, stirbt auch die Termite!

Wer am Rande der Dschungelpfade etwas genauer schaut, kann auch die imposanten Nashornkäfer finden oder auf eine große Atlasmotte treffen. Sie kann eine Flügelspannweite von bis zu 30 cm erreichen! Die Atlasmotte zählt zu den Nachtfaltern und ruht tagsüber – oft ein wenig versteckt – im Blattwerk.

Die Pflanzenwelt

Die Pflanzenwelt Malaysias ist absolut einzigartig und erstaunlich artenreich. Bis heute sind über 50000 verschiedene Pflanzenarten, darunter über 5000 Baumarten, bekannt. Die Malaiische Halbinsel blieb bekanntlich von den Auswirkungen der Eiszeit verschont und konnte so den Primärurwald mit seiner unvergleichlichen Artenvielfalt ausbilden. Die seit etwa 150 Millionen Jahren gleichgebliebenen klimatischen Bedingungen schufen dafür ein ideales Umfeld. Die Grenze von Malaysia zu Thailand markiert eine wichtige floristische Grenze (etwa zugleich die Linie von Alor Setar nach Songkla) vom immerfeuchten Klima Malaysias zum Monsunklima Thailands. Etwa 375 malayische und 200 thailändische Pflanzengattungen passieren diese klimatische Grenze nicht. Viele der heute bekannten und verbreiteten Früchte stammen ursprünglich aus dem malayischen Raum. Dazu gehören u.a. Bananen, Eugenia, Mangosteen, Rambutan und Durian.

Große Bäume, die bis zu 70m hoch werden können, prägen das Bild des tropischen Regenwaldes (siehe auch Seite 45 ff.). Mit den zahlreichen anderen Baumarten entsteht in etwa 40 m Höhe ein relativ dichtes Blätterdach, das die Sonne gut abschirmt.

Dadurch fehlt vielen niedrigeren Pflanzen das lebensnotwendige Licht zur Photosynthese. Einige Jungpflanzen entwickeln deshalb auffällig große Blätter, um das wenige Sonnenlicht optimal nützen zu können. Je höher sie wachsen, desto mehr bildet sich die Blattgröße zurück. Das hat seinen Grund: in den hö-

Kasuarinen (Casuarina equisetifolia) sind häufig an den Küsten zu finden

Linke Seite:

Oben links: Danaus c. f. genutia
Oben rechts: Vogelfalter (Troides aeacus)

Mitte links: Danaiden, Radena vulgaris,
ist ein oft anzutreffender Tagfalter
Mitte: Cethosia spec.
Mitte rechts: Blue Glassey Tiger, Danaiden

Unten links: Troides aeacus
Unten rechts: Die großen Atlasspinner sind
nur selten anzutreffen

Viele Orchideenarten leben epiphytisch; hier abgebildet: Arunde spec.

Dieser Netzpilz (Dictyophora indusia) ist auch unter dem Namen »Schleierdame« bekannt

heren Schichten des Urwaldes wären größere Blätter durch Wind und Sturm gefährdet.

Das Problem der lichtkargen Bodenzone im Urwald wurde von den Pflanzen auf verschiedene Weise gelöst. Einige setzen sich auf den großen, hohen Bäumen fest und leben als »Aufsitzerpflanzen«, um so möglichst nahe am Licht zu leben. Andere wiederum schmarotzen einfach vom Nahrungsangebot fremder Pflanzen und können dadurch weitestgehend auf eine eigene Photosynthese verzichten. Dazu zählt auch die berühmte Rafflesia, die um den Mt. Kinnabalu zu finden ist. Eine weitere Anpassung an das geringe Lichtangebot ist das Hochklettern (Lianen, Würgfeige).

In Malaysia gibt es schätzungsweise 2 000 Orchideenarten, 220 Palmenarten, 150 Ingwergewächsarten und mehr als 500 Farnarten. Myrten-, Balsam- und Aronstabgewächse sind ebenfalls vertreten. Mit 30 von weltweit etwa 60 Arten sind die ungewöhnlichen, insektenfressenden Kannenpflanzen (Nepenthes) in Malaysia vertreten. Die Blätter dieser Pflanzen sind zu komplizierten Gleitfal-

Rechte Seite:

Oben links: Rhododendron rugosum
Oben Mitte: Die Staatsblume Malaysias:
der Roseneibisch (Hibiscus hybrida)
Oben rechts: Hakenlilie (Crinum amabile)
Mitte links: Gelbe Dickähre
(Pachystachys lutea)
Mitte rechts: Bougainville (Bougainvillea spectabilis)
Unten links: Alpinie, Galant (Alpinia purpurata)
Unten Mitte: Orchidee der Familie Orchidaceae
Unten rechts: Heliconie (Heliconia rostrata)

Kannenpflanzen (Nepenthes) fangen und vertilgen Insekten.

Links: Lowi's Kannenpflanze (Nepenthes lowii)

Oben: Nepenthes ampullaria

len ausgebildet, in die die Insekten hineinfallen und durch Verdauungssäfte in den Fangkelchen verdaut werden. Die tierische Kost bringt den Pflanzen wichtige zusätzliche Nährstoffe, die der Waldboden nicht bieten kann. Besonders viele Kannenpflanzenarten kann man am Mt. Kiunabalu und im Baku National Park finden.

Zu den hochinteressanten Pflanzen der Tropen gehören auch die Kokos- und Ölpalmen, die in Nutzholzplantagen zusammen mit den Kautschukbäumen große Flächen bedecken. Deshalb soll in diesem Kapitel einiges Wissenswerte über diese Bäume näher erläutert werden.

Palmen zählen für viele Fernreisende zum Inbegriff der tropischen Pflanzenwelt. Sie werden mit weißen Stränden in Verbindung gebracht, spenden angenehmen Schatten gegen die brennende Sonne und die Kokosnußmilch sorgt für erfrischende exotische Getränke. Man unterscheidet zwischen zweihundert verschiedenen Gattungen, die in sechs Unterfamilien eingeteilt fortlaufend von 1 bis 200 durchnumeriert sind. Insgesamt sind etwa 2675 Arten bekannt. Zu den bekanntesten Palmenarten zählen die Kokospalme *(Cocos nucifera)* die Ölpalme *(Elaeis guineensis)* und die Dattelpalme *(Phoenix dactylifera).* Die Verbreitung der Dattelpalme beschränkt sich jedoch auf die afro-asiatische Trockenzone. Kokospalmen findet man zwischen den Wendekreisen, d.h. den Tropen und den Subtropen. Ihre ursprüngliche Heimat liegt vermutlich in Polynesien. Sie benötigen eine Jahres-

Durchschnittstemperatur von 27 °C und 1 000–2 000 mm Jahresniederschlag. Kokospalmen werden schon seit mindestens 4 000 Jahren kultiviert.

Für die Bevölkerung stellt die Palme eine der wichtigsten Nutzpflanzen dar. Palmen werden in ihren Verbreitungsländern meist komplett verarbeitet. So gewinnt man Bau- und Brennholz aus den Stämmen. Die Blätter dienen zur Herstellung verschiedenen Flechtwerks, wie Körbe, Seile oder Besen. Die Schalen der Kokosnüsse werden zu Gefäßen, Geschirr und Musikinstrumenten verarbeitet. Die bekannten Rattanmöbel stellt man ebenfalls aus einer wildwachsenden Kletterpalmenart her.

Die Kokospalme *(Cocos nucifera)* wird etwa 30 m hoch. Ihr Stamm wächst in der Regel gerade und von Anfang an mit einem gleichbleibenden Durchmesser. Die berühmten »Fotografierpalmen«, die eher waagerecht gewachsen am Strand stehen, bilden die Ausnahme. Kokospalmen bringen zwischen 10 und 15 Steinfrüchte – die Kokosnüsse – hervor. Diese können bis zu 4 500 km im Meer treiben, ohne ihre Keimfähigkeit zu verlieren. Kokosnüsse sind – bildlich beschrieben – gleich dreifach eingepackt: Die äußere Haut umgibt eine dicke Faserschicht, die wiederum einen Kern einschließt. Darin befindet sich das »Fruchtfleisch« (Nährgewebe = Endosperm). Es bildet in unreifem Zustand zusammen mit der Kokosmilch genossen eine nahrhafte Erfrischung. Der Saft frischer Kokosnüsse hat die gleiche Elektrolytkonzentration (isotonisch) wie Blut und könnte deshalb sogar für Infusionen eingesetzt werden. In reifem Zustand wird das Fruchtfleisch zu Kopra getrocknet und stellt die Grundlage zur Kokos-

Kokospalmen (Cocos nucifera) sind für viele der Inbegriff tropischer Strandvegetation

ölgewinnung dar (Palmin). Kopra hat einen Ölgehalt von etwa 70 %. Aus den Steinschalen lassen sich Aktivkohle und Brennmaterial herstellen. Der Hauptbestandteil des bekannten Palmwein besteht aus dem süßlichen Saft, der den Blütenständen der Kokospalmen entnommen wird. Neben den Kokosnüssen kann aus den jungen Stammspitzen ein Palmkohl zur Nahrung gewonnen und aus dem Mark ein stärkehaltiges Mehl produziert werden. Die Ölpalme *(Elaeis guineensis),* die ursprünglich in Afrika (Golf von Guinea) beheimatet ist, wird ebenfalls bis zu 30 m hoch. Erst 1848 gelangte sie durch die Holländer nach Java und von dort wurde sie weiter in Südostasien verbreitet. In Malaysia wird sie hauptsächlich als ertragreiche Ölpflanze auf großen Plantagen angebaut. Nach 4–5 Jahren beginnen die Palmen Früchte zu tragen. Bis dahin wird zwischen den Ölpalmen oft Ananas angebaut. Die bis zu 25 kg schweren Fruchtstände der Ölpalmen umfassen ca. 1 000 bis 4 000 sehr ölhaltige Früchte mit jeweils einem Kern. Von einem Hektar lassen sich etwa 6 t Öl gewinnen, das zu Margarine und Kochfett weiterverarbeitet wird. Die Kerne bilden den eiweißreichen Palmkern-Preßkuchen zur Viehfutterverwertung. Das Öl besitzt einen hohen Vitamin-A (Carotin) Gehalt. Aus dem Saft abgeschnittener männlicher Blütenstände wird Palmwein und Arrak gewonnen. In den Palmölplantagen halten die Malaysier zur Bekämpfung der an den Früchten nagenden Ratten gerne große Phytonschlangen.

Der Kautschukbaum *(Hevea brasiliensis)* kommt, wie sein lateinischer Name schon verrät, ursprünglich aus Brasilien. Der laubabwerfende Baum gehört zur

Kautschukgewinnung ist sehr mühsam

Familie der Wolfsmilchgewächse und kann eine Höhe von bis zu 30 m erreichen. Der Kautschukbaum benötigt 2 000 mm Jahresniederschlag und eine Durchschnittstemperatur von 27 °C, wobei die Temperatur nicht unter 18 °C fallen darf. Heute wird er hauptsächlich in Südostasien angebaut. Die Staaten Malaysia, Thailand, Indonesien und Sri Lanka liefern mit 3,8 Millionen Tonnen etwa 94 % der gesamten Weltkautschukproduktion. Als erstes fand der Kautschukbaum die Aufmerksamkeit der Spanier im Jahre 1521, als sie auf Haiti Kinder mit Gummibällen spielen sahen. Um 1877 gelangten die Samen dann

über England nach Südostasien. Die Gewinnung des Kautschuk ist in der Tat eine »zähe« Prozedur. Der Milchsaft wird Latex (der Stoff, aus dem auch Kondome hergestellt werden) genannt und enthält neben 33 % Kautschuk auch Harze (2 %) und Eiweiß (1,8 %) sowie einen Anteil Restwasser. Er tropft zunächst in kleine, am Baumstamm befestigte Behälter und wird ausnahmslos manuell gesammelt. Nach Zugabe von Ameisen- oder Essigsäure gerinnt er zu einer zähen Masse. Nach dem Auswalzen hängen die handtuchgroßen Lappen zum Trocknen in der Sonne und gehen anschließend zur weiteren Verarbeitung in die Fabriken. Kautschuk spielt eine wichtige Rolle bei der Herstellung von Autoreifen.

Tropische Früchte in Malaysia

Wer in Malaysia einen der vielen Märkte besucht, wird über die reichhaltige, fast unüberschaubare Auswahl der angebotenen Früchte überrascht sein. Bevor man sich zum Kauf entschließt, erhält man meistens eine Gratiskostprobe der angebotenen Früchte. Höflicherweise sollten Sie dennoch dem Verkäufer ein paar Cent dafür anbieten, wenn Sie später die Früchte kaufen. Wer gerne über die bunten Märkte schlendert, findet in diesem Abschnitt eine kleine Auswahl an Früchten aufgelistet, die in Malaysia am häufigsten angeboten werden:

Ananas (*Ananas comusus*) stammt ursprünglich aus Brasilien und war dort bereits den Indianern bekannt. Erst 1590 gelangte die Frucht nach Indien und verbreitete sich dann in Südostasien. Sie enthält viel Vitamin B1, B2 und und C. Ihr Saft hilft gegen Bandwurminfektionen.

Die beste Saison für Ananas ist von August bis November. Dann sind die geernteten Früchte am süßesten. An vielen Fruchtständen sind die Ananas bereits geschält und sehr günstig erhältlich. Köstlich schmecken auch die bereits mit Chili vorgewürzten Ananas, die in kleinen Plastiktüten gereicht werden. Das klingt zwar etwas befremdend, sollte aber ruhig einmal probiert werden – es schmeckt tatsächlich!

Im indomalayischen Raum wachsen zwei Wildformen der **Bananen** (*Musa acuminata* und *Musa balbisiana*), aus denen die diversen Kulturformen der Koch- und Eßbananen hervorgegangen sind. Es gibt sie das ganze Jahr hindurch in allen Größen. Sie werden überall angeboten: auf Märkten, Bahnhöfen, in Bussen und Eisenbahnen.

Bananen, Musa-Arten

Durian *(Durio zibethinus)* ist der Inbegriff der südostasiatischen Früchte schlechthin. Ihr Verkauf kündigt sich schon weithin durch ihren eigenartigen und für europäische Nasen ungewohnten Geruch an. Die Frucht besitzt eine harte, grüne und mit dicken stumpfen Stacheln besetzte Schale, unter der sich das cremig süße Fruchtfleisch befindet. Eine Durian hat zwischen sechs und acht »Fruchtstückchen« mit Kern, der nicht mitgegessen wird. Erfahrene Asiaten – man kann es kaum glauben – erkennen den Reifezustand dieser Frucht am Geruch. Deshalb ist es beim Kauf empfehlenswert, sich die Frucht direkt am Stand von den Verkäufern öffnen zu lassen: das bringt die größte Trefferquote beim Erwerb einer reifen Durian. Die Saison der Durians ist von April bis Juli.

Die **Jackbaumfrucht** *(Artocarpus integrifolia)* sieht fast aus, wie eine zu groß gewachsene Durian, allerdings mit weicheren Stacheln. Halbiert geöffnet wird das cremig gelbe Fleisch – allerdings ohne die großen Kerne – gegessen. Jackbaumfrüchte gibt es das ganze Jahr über. Die Heimat des Jackbaumes liegt in

Oben links: Durian (Durio zibethinus)
Oben rechts: Jackbaumfrüchte
(Artocarpus integrifolia)

Mitte links außen: Rosenäpfel (Syzygium jambos)
Mitte, 2. Bild von links: Mangosteen (Garcinia mangostana)

Unten links: Rambutan (Nephelium lappaceum)
Unten Mitte: Litschis (Litchi chinensis)
Unten rechts: Papayabaum (Garica papaya)

Vorderindien (Kerala). Ein ausgewachsener Baum trägt durchschnittlich 220–260 Früchte, von denen jede ein Gewicht von 25–30 kg erreichen kann.

Das Fruchtfleisch des rosaweißen **Malarbarapfel** *(Eugenia malacensis)* ist knackig und kann bis auf die kleinen Kerne komplett mit der Schale gegessen werden. Am besten schmecken sie gut gekühlt. Saison ist von April bis Juli. Malarbaräpfel wachsen normalerweise im submontanen Regenwald.

Die **Mango** *(Magnifera indica)* stammt aus Burma und Nordindien und kam etwa 500 v. Chr. nach Malaysia. Sie besitzen einen hohen Vitamin-C und Provitamin-A Gehalt und sind reich an Fruchtzucker und Proteinfasern. Die Früchte helfen gegen Durchfall, Erbrechen und Ruhr. Vermischt man Mangosaft mit Orangensaft, hilft das Getränk, Schmerzen bei verschiedenen Hauterkrankungen zu lindern. Reife Mangofrüchte sind von goldgelber Farbe und sehr süß, können aber auch in unreifem Zustand »sauer« mit einer scharfen Sauce gegessen werden. Saison ist von März bis Juni.

Mangosteen *(Garcinia mangostana)* besitzen ein saftiges, etwas säuerlich schmeckendes Fruchtfleisch, das von einer rotvioletten, dicken Schale umgeben ist. Das Fleisch liegt in Segmenten in der Frucht, die zum Essen mehr oder weniger einfach aufgebrochen wird. Die Saison ist von April bis Dezember.

Longan *(Euphoria longana)* stammt aus Ostindien und kann auch in kühleren (höheren) Regionen angebaut werden, weil diese Frucht sogar Frost verträgt. Longans ähneln den Litschis. Ihre zähe, braune Schale beinhaltet das glasig, süße Fruchtfleisch. Saison ist von Juli bis Oktober.

Die bis zu 40 cm lange und gelborangegrüne **Papaya** *(Garica papaya)* ist melonenförmig und kann bis zu 5 kg schwer werden. Papayas enthalten viel Provitamin-A und Vitamin-C. Man schneidet sie der Länge nach auf, entfernt die Kerne und gibt zur »Geschmacksveredelung« (als Tip) etwas Zitronen- oder Limonensaft auf das Fruchtfleisch. Die Saison ist ganzjährig. Die Frucht schützt vor Zahnfäule und hemmt Infektionen, wenn sie auf die Wunde gelegt wird. Bei Magenverstimmung kann ein Brei aus den zermahlenen schwarzen Kernen Linderung verschaffen. Ein Enzym (Papain) fördert die Eiweißverdauung. Für Taucher und Schnorchler hat die Papaya noch eine besondere Bedeutung: Sie hilft – acht bis zwölf Stunden aufgelegt – recht wirkungsvoll gegen Seeigelstiche!

Ebenfalls das ganze Jahr erhältlich ist die **Pomelo** *(Citrus grandis)* – eine beliebte Frucht in Malaysia. Sie erinnert ein wenig an eine Riesenpampelmuse/-grapefruit, die zwar süßer, dafür aber weniger saftig ist. Sie wird auch genau wie eine Pampelmuse/Grapefruit gegessen.

Rambutan *(Nephelium lappaceum)* – eine runde, rotgrüne Frucht mit weichen langen Stacheln. Sie besitzt ein süßes und saftiges Fruchtfleisch mit einem Kern unter der Schale, das geschmacklich ein wenig an die in unseren Breitengraden bekannteren Litschis erinnert. Verkauf meist kiloweise. Saison von Juni bis September.

Sapote *(Manilkara zapota)* ist eine wohlschmeckende pflaumenartige Frucht mit brauner Haut und zuckersüßem Fleisch. Auch bei dieser Frucht, die das ganze

Reichhaltige Auswahl exotischer Früchte Malaysias

Jahr über erhältlich ist, werden die Kerne nicht mitgegessen.

Beim **Zimtapfel oder Rahmapfel** *(Annona squamosa)* handelt es sich um eine Sammelbeere, die Blüten ähneln Magnolien. Sie sehen aus wie hellgrüne, unförmige »Handgranaten« und schmecken sehr süß. Einziger Nachteil: Zimtäpfel erfordern wegen der großen Anzahl kleiner Kerne viel Geduld beim Essen. Saison ist von Juli bis September. Natürlich gibt es auch noch die uns bekannten Wassermelonen, Orangen, und Pampelmusen. In den Cameron Highlands werden sogar Erdbeeren ange-

pflanzt und als besondere Leckerei in teuren Hotels angeboten.

Abschließend noch ein Tip: Aus den beschriebenen Früchten läßt sich unter Zugabe von Orangensaft, Zucker, Limonade (wenn verfügbar freilich auch Sekt!) und Whiskey eine hervorragend schmeckende, exotische Bowle zaubern! Selbstverständlich gibt es – saisonbedingt – auf den malayischen Märkten noch weitere Früchte zu entdecken. Wer sich eingehender mit dem reichhaltigen Angebot beschäftigen möchte, dem sei das Buch Malaysian Fruits (s. Literaturverzeichnis) empfohlen.

Leben im Meer

Tropische Meeresfische in Malaysia

Der Unterwasserbegeisterte wird an Malaysias reichhaltiger Meeresfauna und den vielen unberührten Riffen seine wahre Freude haben. In den malayischen Gewässern, insbesondere dem Südchinesischen Meer und um Sipadan (Zulu See), erwartet den Taucher eine große Artenvielfalt tropischer Meeresfische. Die meisten Tauchplätze sind im Vergleich zu anderen tropischen Ländern überdurchschnittlich fischreich. Das bunte Gewimmel an den schön bewachsenen Korallenlandschaften scheint unüberschaubar. Die malayischen Tauchgebiete werden dabei vornehmlich vom Artenreichtum kleinerer und mittelgroßer Meeresfische geprägt. Die **Riffbarsche** (Fam. Pomacentridae) (auch Jungfernfische, Demoiselles, Preußenfische oder Schwalbenschwänzchen) sind an jedem Riff zahlreich vertreten. Diese Familie beinhaltet über 200 Arten. Eine Unterfamilie, deren Vertreter in Malaysia besonders häufig vorkommen, sind die Anemonenfische, die in Symbiose mit einer Wirtsanemone leben. Die Anemonen beherbergen oftmals zusätzlich kleine Anemonenkrabben oder Krebse, die zwischen den Tentakeln leben. Die winzigen Krabben lassen sich jedoch nur bei genauerem Hinsehen entdecken. Hochinteressant ist das Brutverhalten der Riffbarsche. Zunächst bereitet das Männchen den Platz zur Eiablage vor, indem es ihn mit der Körperseite »sauberscheuert«. Dann schwimmt es mit schnellen Bewegungen auf und ab und signalisiert dem Weibchen, wo es seine Eier ablegen kann. Anemonenfische können in Malaysia auch von Schnorchlern häufig an den Riffen der seichten Lagunen beobachtet werden.

Unter Überhängen und in kleinen Höhlen stehen oft Beilfische (oder Beilbauchfische) der Gattung *Pempheris*, die als typische Schwarmfische erst in der Dunkelheit ans Riff kommen, um dort auf Nahrungssuche zu gehen.

Der Flachwasserbereich der Riffe, vornehmlich das Riffdach und bis zu 15 m Tiefe, zählt zu den bevorzugten Aufenthaltsorten der **Papageifische** (Fam. Scaridae). Sie sind unverwechselbar an ihrem papageischnabelartigen Gebiß zu erkennen. In der Dämmerung ziehen sie oft in größeren Schwärmen über die Riffe und nagen an den Hartkorallen oder weiden die darauf wachsenden Algen ab. Die tagaktiven Papageifische hüllen sich nachts in eine Schleimschicht, die dann morgens zum Frühstück verspeist wird. Ähnlich den Lippfischen bewegen sich auch die Papageifische mit den Brustflossen rudernd fort. Lediglich wenn sie auf der Flucht sind, setzen sie zusätzlich den Schwanz ein. Eine besonders auffällige Art ist der Büffelkopf-Papageifisch. Dieser ist regelmäßig um Sipadan zu sehen, seltener dagegen im Südchinesischen Meer.

Wie die Papageifische leben auch die **Büschelbarsche** oder Korallenwächter (Fam. Cirrhitidae) vornehmlich in den flacheren Bereichen der Korallenriffe. Sie sind schlechte Schwimmer, da sie keine

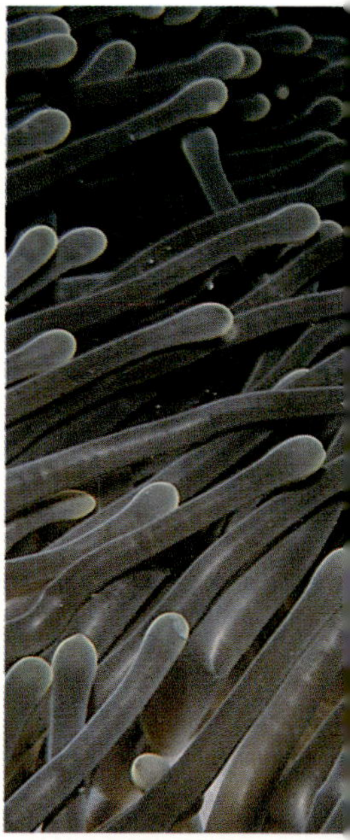

Schwimmblase besitzen. Büschelbarsche überwachen von übersichtlichen Stellen des Riffes aus ihr Revier und verteidigen dieses vehement gegen auftauchende Rivalen. Zum Beutefang schießen sie dann blitzschnell aus ihrer Stellung hervor. Auch Unterwasserfotografen werden beim Versuch, eine Nahaufnahme vom Korallenwächter zu »schießen«, auf eine besondere Geduldsprobe gestellt.

Eidechsenfische (Fam. Synodontidae), die ein reptilienartiges Aussehen besitzen, sind ähnlich den Büschelbarschen meistens auf dem Riff sitzend anzutreffen. Häufig sieht man ein Pärchen zusammen. Am weitesten verbreitet ist der Eidechsenfisch *(Synodus variegatus)*, seltener trifft man dagegen den Mamoreidechsenfisch *(Saurida gracilis)* an.

Von links nach rechts:

1. Reihe:
Dreibinden-Preußenfisch (Dascyllus aruanus); Scherenschwanz-Sergeant (Abudefduf sexfasciatus); Dreibinden Anemonenfisch (Amphiprion ocellaris)

2. Reihe:
Zweifarben-Schwalbenschwanz (Chromis dimidiata); Schwarzer (Clarks) Anemonenfisch (Amphiprion clarki)

3. Reihe:
Buckelkopf-Papageifisch, juvenil (Scarus gibbus); Buckelkopf Papageifisch, Weibchen (Scarus gibbus); Buckelkopf Papageifisch, Männchen (Scarus gibbus); Forsters Büschelbarsch (Paracirrhites forsteri)

4. Reihe:
Eidechsenfisch (Synodus variegatus); Forsters Büschelbarsch, (Farbvariante) (Paracirrhites forsteri); Langnasen Büschelbarsch (Oxycirrhitus typus)

Die **Lippfische** (Fam. Labridae) scheinen ständig damit beschäftigt, das Riff und die Sandflächen des flacher gelegenen Meeresgrundes nach Nahrung abzusuchen. Oft folgen· sie dabei anderen Fischen (z.B. Seebarben) und versuchen, von ihnen verwertbare Reste zu erhaschen. Lippfische fallen sofort durch ihre lustig anzusehende wippende Fortbewegung mit den Brustflossen auf. Es gibt sie in allen Größen und Farben, angefangen vom Kleinen Putzerfisch *(Labroides dimidiatus)* (8 cm) bis hin zum Napoleon – dem Riesenlippfisch *(Cheilinus undulatus)* (2 m). Putzerfische unterhalten die »Barbierstuben des Riffs«, wo sie andere sich dort einfindende Fische von Hautparasiten befreien. Ein Putzer säubert an geschäftigen Tagen bis zu 250 Fische. Ähnlich wie bei den Riffbarschen ist auch bei vielen Lippfischarten die Wechselgeschlechtlichkeit verbreitet.

Oben links: Mental-Lippfisch (Cheilinus mentalis)
Oben Mitte: Dianas Lippfisch (Bodianus diana), halb adult
Oben rechts: Dianas Lippfisch (Bodianus diana), adult

Mitte links: Klunzingers Junker (Thalassoma klunzingeri)
Mitte rechts: Mondsicheljunker (Thalassoma lunare)

Unten links: Riesenlippfisch (Napoleon) (Cheilinus undulatus)
Unten Mitte: Putzerfisch (Labroides dimidiatus)
Unten rechts: Gestreifter Kardinalfisch (Cheilodipterus lineatus)

Linke Seite:

Oben: Imperator-Kaiserfisch
(Pomacanthus imperator), juvenil

Unten links: Imperator-Kaiserfisch
(Pomacanthus imperator), halb adult
Unten rechts: Imperator-Kaiserfisch
(Pomacanthus imperator), adult

Rechte Seite:

Oben: Ringelkaiserfisch (Pomacanthus
annularis)

Mitte: Orientalische Süßlippe
(Plectorhinchus orientalis)

Unten links: Gepunktete Süßlippe
(Plectorhinchus chaetodonoides)
Unten rechts: Maskenwimpelfisch
(Zanclus cornutus)

Unter den **Kardinalfischen** (Fam. Apogonidae) von denen es 192 verschiedene Arten gibt, sind viele Maulbrüter. Das bedeutet, daß die Männchen für die Brutpflege zuständig sind und den Fischlaich im Maul schützend ausbrüten. Auch ein Taucher kann beim Gestreiften Kardinalfisch *(Cheilodipterus lineatus),* der in Malaysia häufiger anzutreffen ist, dieses Phänomen hin und wieder beobachten.

Zu den farbenprächtigsten Fischen, die in allen Tiefen am Riff anzutreffen sind, zählen die **Kaiserfische** (Fam. Pomacanthidae), die **Süßlippen** (Fam. Plectorhynchidae), die **Maskenwimpelfische** (Fam. Zanclidae) und die **Falterfische** (Fam. Chaetodontidae*)*. Die beeindruckenden **Fledermausfische** (Fam. Ephippidae) kommen in Malaysia seltener und meistens nur in kleineren Gruppen vor.

Der wohl auffälligste und schönste Kaiserfisch der malayischen Gewässer ist der Ringelkaiserfisch *(Pomacanthus annularis)*. Er ist relativ häufig anzutreffen und schon von weitem an seinen leuchtend blauen Streifen und dem weißen Schwanz zu erkennen. Mit etwas Geduld bei der Beobachtung und vorsichtiger, langsamer Annäherung verlieren die Ringelkaiserfische manchmal ihre anfängliche Scheu und nähern sich ihrerseits neugierig den Tauchern. Kaiserfische leben solitär oder paarweise. Da sie gegenüber Artgenossen sehr aggressiv ihr Revier verteidigen, haben juvenile Kaiserfische ein anderes Farbkleid, das sich während der Wachstumsphase langsam dem der Erwachsenen anpaßt.

Süßlippen (Fam. Plectorhynchidae) leben in der Regel solitär und finden ihren Lebensraum an tropischen Korallenriffen. In Malaysia trifft man vornehmlich

auf die orientalische Süßlippe *(Plectorhynchus orientalis)*, seltener auf die Gepunktete Süßlippe *(Plectorhynchus chaetodonoides)*. Jugendliche Süßlippen tragen häufig ein völlig anderes Farbkleid als ausgewachsene Tiere und sind dann nur schwer wiederzuerkennen. Der Maskenwimpelfisch *(Zanclus cornutus)* ist der einzige Vertreter der gleichnamigen Familie Zanclidae. Sie sind in Malaysia manchmal paarweise oder in kleinen Gruppen an den Riffen zu beobachten. Ihren Namen verdanken sie der zu einem Wimpel verlängerten Rückenflosse und der schwarzen Färbung im Augenbereich, die mit etwas Phantasie einer Maske gleicht. Falterfische oder Schmetterlingsfische verbindet eine enge Verwandtschaft mit den Kaiserfischen. Ihnen fehlt jedoch der für die Kaiserfische charakteristische Stachel unter dem Kiemendeckel. Die Falterfische zählen wohl zu den farbenprächtigsten Riffbewohnern tropischer Meere und leben in der Regel paarweise. Trifft man einmal auf größere Verbände, so handelt es sich

Falterfische:

Oben links: Bennetts Falterfisch (Chaetodon benetti)
Oben rechts: Kleins Falterfisch (Chaetodon kleini)

Mitte links: Sparrenfalterfisch (Chaetodon trifascialis)
Mitte rechts: Halsbandfalterfisch (Chaetodon collare)

Unten links: Kupferpinzettfisch (Chelmon rostratus)
Unten rechts: Wimpelfisch (Heniochus accuminatus)

meistens um Jungtiere. Ganz kleine Falterfische kann man bisweilen zwischen den Verästelungen von *Acropora*-Korallenstöcken beobachten, wo sie Schutz suchen.

Oftmals liegt das Besondere im Detail, z.B. in der Beobachtung eines kleinen *Blennis* (Schleimfisch), der neugierig aus seinem Versteck lugt, oder der prächtig gefärbten Clownfische (Anemonenfische, siehe oben: Riffbarsche), die quirlig zwischen den Tentakeln ihrer Beschützeranemone umherschwimmen.

Schleimfische (Fam. Blenniidae und Salariidae) teilen sich in über 300 Arten und besitzen nur schwach ausgeprägte

Oben links:
Falscher Putzerfisch (Aspidontus taeniatus)

Oben rechts:
Smiths Säbelzahnschleimfisch
(Meiacanthus smithi)

Unten links:
Piano-Säbelzahnschleimfisch
(Plagiotremus tapeinosoma)

oder überhaupt keine Schuppen. Ihr Körper ist von einer Schleimschicht umgeben, was auch zu ihrer Namensgebung beigetragen hat. Sie halten sich in der Regel in kleinen Löchern versteckt, in die sie sich bei Gefahr blitzschnell zurückziehen können. Schleimfische sind sehr scheu und unternehmen nur zögernd kleine Ausflüge im Riff. Schon bei den geringsten Anzeichen von Gefahr flüchten sie wieder in die vorher festgelegten Unterschlupfe.

Zur gleichen Familie gehören auch die **Säbelzahnschleimfische** mit ihren hervorstehenden Eckzähnen. Sie schwimmen im Gegensatz zu den anderen Schleimfischen gerne umher und sind anderen Fischen gegenüber sehr angriffslustig. Der Falsche Putzerfisch *(Aspidontus taeniatus)* sieht dem echten Putzerfisch *(Labroides dimidiatus)* verblüffend ähnlich und ahmt sogar sein Verhalten nach, um ahnungslose Fische zur Säuberung einzuladen. Fallen sie auf seinen Trick herein, beißt er ihnen blitzschnell ein Stückchen Fleisch aus dem Körper.

Ebenfalls zu den kleineren, für andere Fische aber ungefährlicheren Arten als die Säbelschleimfische, zählt die große Familie der **Grundeln** *(Gobiidae)*. Es gibt

Oben:
Rotbinden-Schläfergrundel
(Amblyeleotris aurora)

Mitte:
Pracht-Schwertgrundel
(Nemateleotris magnifica)

Unten:
Scherenschwanz-Torpedogrundel
(Ptereleotris evides)

weltweit ungefähr 2000 verschiedene Grundelarten. Grundeln werden durchnittlich 4–10 cm groß. Einige Grundelgattungen leben in Symbiose mit einem blinden Krebs auf sandigem Meeresgrund. Während der Krebs ständig damit beschäftigt ist, den kleinen Unterschlupf von nachrutschendem Sand freizuhalten, wacht die Grundel vor der Höhle, sorgt für Nahrung und alarmiert den Krebs bei Gefahr, so daß sich beide rechtzeitig zurückziehen können. Die Grundel-Krebs-Symbiose kann auch in malayischen Gewässern häufig beobachtet werden.

Schläfergrundeln (Fam. Eleotridae) sind mit den Grundeln eng verwandt. Sie kommen nur zur Nahrungsaufnahme aus ihren Verstecken und ziehen sich bei Gefahr blitzschnell wieder in ihre Löcher zurück. Oft stehen sie paarweise über ihren Höhlen und warten auf vorbeitreibendes Plankton oder Fischlarven.

Krokodilfische (Fam. Parapercidae) sind typische Bodenbewohner, wo sie meistens gut getarnt ruhig verharren. Während die Männchen am Kopf eine Linienfärbung aufweisen, unterscheiden

Oben links:
Goldstreifenschnapper (Lutjanus kasmira)

Oben rechts (großes Bild):
Kuhkopf-Doktorfisch (Naso literatus)

Mitte links:
Masken-Doktorfisch (Naso vlamingi)

Unten links:
Neonfüsiliere (Caesio tile)

Unten rechts:
Vielaugen-Krokodilfisch (Parapercis polyophthalma)

sich die Weibchen durch schwarze Flekken am Kopf. Die Hauptnahrung besteht aus kleinen Organismen, die sie im Sand suchen. Seltener stellen sie kleinen Fischen oder Krebsartigem nach.

Zu den typischen Schwarmfischen, die in Malaysia im Freiwasser nahe den Korallenriffen leben, zählen die **Schnapper** (Fam. Lutjanidae) und **Füsiliere** (Fam. Caesiodidae). Beide Familien zeigen eine enge Verwandtschaft – die Körperform der Füsiliere ist jedoch im Unterschied zu den Schnappern etwas feingliedriger. Seebader oder **Doktorfische** (Fam. Acanthuridae) sind insbesondere im Jugendstadium Schwarmfische, die sich in Riffnähe aufhalten. Erwachsene Tiere kommen auch paarweise oder in kleinen Gruppen vor. Ihr auffälliges Merkmal sind die skalpellartigen Dornfortsätze am Schwanzstiel, die ihnen auch den Namen Doktorfische einbrachten. Bei einigen Arten sind die Skalpelle zur Warnung und Abschreckung anderer Fische farblich hervorgehoben, beispielsweise leuchtend Gelb. In den Dämmerungsphasen können manchmal große Doktorfischschwärme auf Nahrungssuche am Riff beobachtet werden. Sie fressen hauptsächlich Algen und Seegräser, aber auch kleine Garnelenarten.

Drückerfische (Fam. Balistidae) leben solitär in der Nähe des Riffes, und lediglich der Rotzahndrückerfisch *(Odonis niger)* versammelt sich hin und wieder zu größeren Schwärmen. Bei Gefahr ziehen sie sich in Riffspalten zurück und klemmen sich dort mit dem Kopf voran fest. Dazu stellen sie je einen Stachel an der Bauchseite und von der Rückenflosse so auf, daß sie in den Spalten fest ein gedrückt sind: daher auch ihr Name Drückerfisch! Dieser »Drücker« dient

auch dem Imponiergehabe, mit dem sie sich vor Feinden größer machen können als sie tatsächlich sind. Bei der Nahrungsaufnahme sieht man sie oft auf dem Kopf stehend Trichter in den Sandgrund pusten, um so Krustentiere oder Krabben freizulegen. Mit Vorliebe wagen sie sich auch an Seeigel, die sie in einer umständlichen Prozedur versuchen auf den Rücken zu legen, denn nur so können sie an die begehrte Beute herankommen. Vorsicht! Drückerfische haben ein kräftiges Gebiß und lassen sich am Laichplatz nicht gerne stören. Von dort aus greifen sie selbst größere Feinde (auch Taucher!) mit Nachdruck an!

Die **Einstachler** (Fam. Aluteridae) werden auch Feilenfische genannt, denn ihre Haut ist so rauh, daß sie von Einheimischen oft als Schmirgelpapier verwendet wird. Gleich den Drückerfischen, mit denen sie eng verwandt sind, besitzen die Einstachler einen großen Rückenflossenstachel, den sie bei Gefahr aufstellen. Der wohl imposanteste und am häufigsten vorkommende Einstachler in Malaysia ist der Feilenfisch *(Aluterus scriptus)*. Er kann bis zu einem Meter groß werden (in der Regel sind Exemplare zwischen 40 und 70 cm zu sehen!) und bewegt sich mit schlängelnden Bewegungen der Rücken- und Afterflosse fort. Seinen Schwanz setzt er dabei als Steuer ein.

Bei vielen Tauchern erfreuen sich die **Kofferfische** (Fam. Ostraciontidae) mit ihrer merkwürdigen Körperform und den lustig anzuschauenden Schwimm-

Oben: Leoparden-Drückerfisch (Ballistoides conspicillum)

Unten: Schwarzer Kofferfisch (Ostracion meleagris)

bewegungen einer besonderen Beliebtheit. Man kennt etwa 30 Arten verschiedener Kofferfische. In Malaysia begegnen einem am häufigsten der Schwarze
Kofferfisch *(Ostracion meleagris)* und der
Gelbe Kofferfisch – der »Postkoffer«
(Ostracion cubicus). Trotz ihrer plumpen,
kofferähnlichen Körperform sind sie erstaunlich wendige Schwimmer und können sogar rückwärts in Riffspalten oder
kleinen Höhlen »einparken«. Kofferfische stehen nicht auf dem Speisezettel
großer Räuber, weil sie bei Gefahr ein
Gift ausscheiden können, das auf den
Angreifer tödlich wirken kann.

Igelfische (Fam. Diodontidae) sind auf
den ersten Blick an ihrem stacheligen
Äußeren zu erkennen. Mit großen Augen lugen sie aus Felsspalten und kleinen Höhlen hervor, wo sie sich versteckt
halten. Sie besitzen die Fähigkeit, sich
bei Gefahr mit Wasser vollzupumpen.
Als runde Stachelkugel sind sie weitgehend manövrierunfähig – erscheinen
aber für den Angreifer viel größer und
gefährlicher. Leider werden auch in Malaysia die Igelfische immer noch gefangen, um in Souvenirshops getrocknet als
Lampenschirme verkauft zu werden.

Die Familie der **Spitzkopfkugelfische**
(Fam. Canthigasteridae) umfaßt nur 23
Arten, die stets in Riffnähe tropischer

*Oben links: Großer Feilenfisch
(Aluterus scriptus)
Oben Mitte: Gelber Kofferfisch
(Ostracion cubicus)
Oben rechts: Streifen-Kugelfisch
(Arothron mappa)*

*Unten links: Igelfisch (Diodon holacanthus)
Unten rechts: Spitzkopfkugelfisch
(Canthigaster valentini)*

Drachenkopf (Scorpaenopsis spec.)

Meere leben. Die Spitzkopfkugelfische werden maximal 20 cm groß und gehören alle der Gattung *Canthigaster* an. Sie leben paarweise und können sich gleich den Igel- und Kugelfischen mit Wasser vollpumpen, um so Feinde abzuschrecken.

Steinfisch (Synanceia verrucosa)

Kugelfische (Fam. Tetraodontidae) sind schuppenlos und glatt. Mit ihrem kräftigen Gebiß können sie Korallenstückchen abbeißen. Zur bevorzugten Nahrung zählen jedoch Schnecken und kleine Krebse. Die Kugelfische erlangten als japanische Fugu-Delikatesse weltweite Bekanntheit. Da die Gallenblase ein hochgiftiges Konzentrat enthält, bedarf die Zubereitung der Kugelfische einer speziellen und besonders intensiven Ausbildung der Köche. Wird die Gallenblase verletzt, kann das Mahl für den Gast den raschen Tod zur Folge haben.

Unter Wasser können dem Taucher die verschiedenen Skorpionfischarten recht gefährlich werden. Alle Skorpionfische besitzen giftige Rückenflossenstrahlen, die besonders bei den **Rotfeuerfischen** (Fam. Pteroinae) stark ausgeprägt sind. Sie leben in Riffnähe und werden je nach Art bis zu 35 cm groß. Während die Rotfeuerfische farblich sehr auffällig sind, tarnen sich die **Skorpionfische** oder Meersauen (Fam. Scorpaenidae) gut und liegen versteckt im Riff, wo sie auf Beute lauernd kaum zu erkennen sind. Skorpionfische sind an den malayischen Riffen besonders oft anzutreffen. Es empfiehlt sich, immer (!) genau hinzusehen, bevor man versucht (wenn überhaupt!) etwas im Riff anzufassen. Das Gift kann durchaus tödliche Folgen haben, zumal eine ärztliche Versorgung im Krankenhaus an vielen Tauchplätzen nicht immer vor Ort gewährleistet ist.

Steinfische (Fam. Synanceidae) (die Skorpionfische werden häufig mit ihnen verwechselt) sind nur selten zu entdeckende Tiere, da sie perfekte Tarnkünstler sind und Taucher deshalb meistens an ihnen vorbeischwimmen, ohne sie zu bemerken. Wie der Name schon besagt,

Rotfeuerfisch (Pterois volitans)

liegen sie reglos wie ein Stein im Riff und lauern auf Beute, die ahnungslos vor ihrem Maul umherschwimmt. Diese wird dann mit einer schnellen Saug-Schnapp-Bewegung gefangen.

ACHTUNG! Steinfische sind die giftigsten Fische der Welt! Das Gift befindet sich in den Rückenflossenstrahlen und kann zu tödlichen Verletzungen führen. Erste Hilfemaßnahmen: Wunde säubern und die verletzte Stelle in 50–70 °C heißes Wasser tauchen, weil das Gift nicht hitzebeständig ist. Es können auch heiße Kompressen verwendet werden. Danach muß sofort der nächste Arzt aufgesucht werden.

Für viele Taucher gelten fälschlicherweise auch die **Muränen** (Fam. Muraenidae) als gefährlich und ihr Biß als giftig. Muränen, die es in Malaysia an fast jedem Riff zu sehen gibt, sind – solange sie in Ruhe gelassen werden – ungefährlich und besitzen auch keine Giftzähne. Ein Muränenbiß infiziert sich in der Regel durch Sekundärinfektionen. Muränen sind Höhlenbewohner und nachtaktiv. Tagsüber lugen sie lediglich mit dem Kopf aus ihrem Versteck und lauern auf Zufallsbeute. Kommt ein Taucher vorbei, ziehen sie sich meistens zurück.

Zackenbarsche (Fam. Serranidae) leben bevorzugt in den tieferen Regionen der Riffe (etwa ab 15–20 m). Sie sind gefährliche Räuber und halten sich meistens in dämmerigen Höhlen und Überhängen auf. Das hat seinen guten Grund. Die Lichtabsorption des Wassers löst die Farbe und Formgebung ihres gesprenkelten Kleidmusters auf, so daß sie kaum noch zu erkennen sind. Die Zackenbarsche nutzen somit die natürlichen Lichtverhältnisse perfekt aus, um sich auf ihre Jagd vorzubereiten. Die Beute, vornehmlich kleinere Fische, die ahnungslos auf ihren Freßfeind zuschwimmen, wird dann im kurzen Sprint geschnappt. Auch von Tauchern werden Zackenbarsche durch ihre geschickte Anpassung oft übersehen. Zackenbarsche leben in der Regel solitär, fast alle Arten sind standorttreu.

Die stets träge erscheinenden »Zackis« zählen in Malaysia schon mit zu den größeren Fischen, die es zu sehen gibt. Großfischbeobachtungen gelingen eher selten und sind mehr dem sprichwörtlichen »Taucherglück« vorbehalten. Begegnungen mit Walhaien, den größten Fischen der Meere, mit Hammerhaien, Mantas, Sailfischen oder Delphinen werden in Malaysia seltene Highlights bleiben. Öfter ziehen dagegen große Schulen Barrakudas (auch große Einzelgänger!) oder Makrelen auf Beutesuche an den Riffen vorbei.

Manchmal trifft man auf **Ammenhaie**, die meistens in Felsspalten und Höhlen verweilen. Am Tauchplatz Nr. 22 bei den Perhentian Inseln gibt es auffällig viele Jungtiere, die im Riff versteckt Zuflucht vor Freßfeinden suchen. Ihr Aufenthaltsort ist dann nur an der herausschauenden Schwanzflosse zu erkennen. Da Ammenhaie oft sehr ruhig in ihren Verstecken liegen, neigen viele Taucher dazu, sie am Schwanz zu ziehen oder sie berühren zu wollen. Aber Vorsicht: Am-

Oben links: Netzmuräne (Lycodontis favaginaeus)
Oben rechts: Braune Muräne (Gymnothorax javanicus)
Mitte: Perfekte Tarnung eines Zackenbarsches
Unten: Juwelenbarsch (Cephalophalis miniatus)

menhaie können, wenn sie aufgeschreckt sind, ungeahnte Aktivitäten entwickeln und die Taucher auf ihrem Fluchtweg in Freiwasser leicht verletzen! Hin und wieder können auch Weißspitzenhaie in Malaysia beobachtet werden, die meistens auf Beutesuche in Riffnähe durchs Wasser ziehen. **Leopardenhaie** sind im Gegensatz zur Andamanensee (Thailand) im Südchinesischen Meer weniger verbreitet und seltener anzutreffen. Begegnet man einem, so liegt er meistens scheinbar lustlos auf dem Meeresgrund. Erst wenn die Fluchtdistanz unterschritten wird, schwimmen Leopardenhaie mit eleganten, fast schlängelnden Bewegungen langsam davon. Leopardenhaie ernähren sich vorzugsweise von Krustentieren, die sie auf dem Meeresboden finden, aber auch Sepien und Seeschlangen stehen auf ihrem Speiseplan.

Um in Malaysia einen **Walhai** zu sehen, braucht man schon sehr viel Glück. Sie sind wie die Mantas sehr selten. Der Walhai – der größte tropische Meeresfisch – kann bis zu 18 m lang werden! Er zählt zoologisch aber nicht, wie irrtümlich oft angenommen, zu den Walen, sondern zu den Haien. Als Planktonfresser ist diese Haiart für den Menschen ungefährlich.

Zu den in Malaysia häufigsten verbreiteten **Rochen** (Fam. Rajiformes) zählen die Blaupunktrochen *(Taeniura lymna)* und der Gefleckte Stachelrochen (*Taeniura melanospila*). Sehr häufig sind Begegnungen mit dem wunderschönen Blaupunktrochen, den ich im Südchinesischen Meer bei fast jedem Tauchgang antreffen konnte. Blaupunktrochen sind sehr scheu und vielfach zeugt nur noch eine kleine Staubwolke von ihrem »ein-

stigen Liegeplatz«. Ihr Tüpfelfarbenkleid aus der Nähe zu bewundern, gelingt nur in ganz seltenen Fällen.

Sehr selten sind auch **Mantas** (mit viel Glück um Pulau Aur) zu beobachten. Mantas, die früher auch als Teufelsrochen bezeichnet wurden, können eine Spannweite bis zu 6,70 m erreichen. Manchmal springen sie aus dem Wasser und klatschen dann mit einem lauten Knall wieder auf. Ob mit diesem Verhalten lästige Hautparasiten entfernt werden, oder ob es sich um reine »Lebensfreude« handelt, ist nicht genau geklärt. Größere Fische werden oft von **Schiffshaltern** (Fam. Echeneidae) begleitet. Sie heften sich an einen Wirt, befreien diesen von Parasiten und sammeln abfallende Nahrungsreste. Um sich an einem Hai, einer Schildkröte oder einem Rochen festzusaugen, bedienen sich die Schiffshalter ihrer Rückenflosse, die zu einer ovalen Saugscheibe ausgebildet ist. Indem sie die Lamellen der Saugscheibe aufstellen, erzeugen sie einen Unterdruck und können sich so an ihren Wirt heften.

Insgesamt sei angemerkt, daß es an allen malayischen Riffen immer interessant und lohnenswert ist, die vielen kleinen und mittelgroßen Riffische etwas länger an einer Stelle zu beobachten und sich gegebenenfalls langsam zu nähern – solange die Fluchtdistanz nicht unterschritten wird. Wer sich etwas Zeit nimmt, kann häufig viele interessante Verhaltensweisen wiedererkennen oder auch neue Beobachtungen biologischer Eigenheiten der tropischen Lebensgemeinschaften machen. Darüber hinaus hilft ein behutsames Vorgehen den Unterwasserfotografen in jedem Fall zur besseren Ablichtung.

Rechts:
Barrakuda *(Sphyraena spec.)*

Mitte:
Weißspitzenriffhai *(Triaenodon obesus)*

Unten:
Leopardenhai *(Stegostoma fasciatum)*

Oben links:
Blaupunktrochen (Taeniura lymna)

Oben rechts:
Schiffshalter (Echeneis naucrates)

Mitte links: Gefleckter Stachelrochen
(Taeniura melanospila)

Unten links: Manta (Manta birostris)

Unten rechts:
Malaysias Rifflandschaften bestechen durch
ihre Farbenpracht

Der Artenreichtum in den malayischen Gewässern läßt sich eindrucksvoll am Beispiel des Tauchgebietes um Sipadan verdeutlichen: dort wurden bereits mehr als 2000 verschiedene Arten gezählt. Aus Platzgründen konnten verständlicherweise in diesem Kapitel nicht alle in Malaysia vorkommenden Fischarten beschrieben werden. Wer mehr über die verschiedenen Fischfamilien und genaueres zur Artenbestimmung wissen möchte, findet auf Seite 192 Literaturhinweise. Auch auf eine Beschreibung der vielen »Hochseefische«, die in der Regel die Riffnähe meiden oder sich dort nur ganz selten zeigen, wurde in diesem Kapitel verzichtet.

Tropische Wirbellose in Malaysia

Die Zahl der Wirbellosen scheint unendlich, ihre Artenvielfalt unüberschaulich. Es gibt schätzungsweise rund eine Million verschiedener Arten und ständig kommen weitere, neu entdeckte Niedere Tiere – wie die Wirbellosen auch genannt werden – hinzu. Selbst in der Fachliteratur über einzelne Stämme, Ordnungen oder Familien wird der engagierte Leser kaum vollständige Werke finden.

An tropischen Riffen gibt es bis auf einige Algenarten so gut wie kein pflanzliches Leben. Abgesehen von den Fischen stellen die Wirbellosen den Großteil aller Arten. Selbst die leblos erscheinenden Steinkorallen bestehen aus unzähligen Kolonien kalkabscheidender kleinster tierischer Lebewesen, die durch ihre Ablagerungen die »steinernen Denkmäler«

der tropischen Unterwasserwelt« erbauen. Die vielfältigen Korallen (Anthozoa), zu denen auch die Steinkorallen zählen, stellen mit etwa 6500 Arten nur einen kleinen Teil der Niederen Tiere. Vielleicht mag es an der ungeheuren Artenvielfalt liegen, vielleicht auch daran, daß über Wirbellose zwar schon einiges bekannt ist, aber die Erforschung immer noch in den Anfängen steckt. Für viele Taucher zählen deshalb die Wirbellosen zu den interessantesten Tieren in den tropischen Meeren. Die detaillierte Betrachtung gerade dieser Gruppen, die sich

Rechts: Intakte Korallenlandschaft (Perhentian Inseln, Lagune)

Unten: Riffimpressionen bei Layang Layang

Großer Neptunsbecher (Petrosia sp.)

Wurzelmundqualle mit kleinen Bastard-makrelen

meistens in aller Ruhe im Riff beobachten lassen, gewinnt immer mehr Freunde. Im Makrobereich lassen sich viele spannende Entdeckungen machen, die jeden Tauchgang interessant und abwechslungsreich gestalten.

Doch Niedere Tiere unter Wasser zu bestimmen zählt mit Sicherheit zu den schwierigsten Aufgaben, die sich ein Taucher vornehmen kann. Oft liegen die Unterscheidungsmerkmale nämlich im Inneren des Tieres verborgen, und die endgültig sichere Bestimmung einer Art kann oftmals nur in einem Labor vorgenommen werden. Bei den Seegurken (Holothuroidea) dienen beispielsweise die unterschiedlichen Formen des Skelettes, die man von außen nicht sehen kann, zur genauen Artbestimmung. So

kann selbst ein Taucher mit fundiertem biologischen Wissen die meisten Niederen Tiere häufig nur grob zuordnen.

Doch gerade die Artenvielfalt der Wirbellosen macht diese Lebewesen so interessant. Um eine grobe Zuordnung des Entdeckten zu erleichtern, wird in diesem Kapitel eine Auswahl der wichtigsten Gruppen vorgestellt, die man in Malaysia am häufigsten antreffen kann.

Schwämme (Porifera) sind, man glaubt es kaum, Tiere. Die Formenvielfalt reicht von runden über baum- bis röhrenartige Arten. Einer der eindrucksvollsten Schwammarten, die es in Malaysia an vielen Riffen zu bewundern gibt, ist der Neptunsbecher. Schwämme ernähren sich von kleinsten Planktonpartikeln, die sich im Meerwasser befinden. Sie erzeugen im Körperinneren einen Wasserstrom und filtern dabei das Plankton mit speziellen Zellstrukturen heraus. Danach tritt das gefilterte Wasser durch kleine Kanäle wieder aus dem Schwamm aus.

Quallen (Scyphozoa) unterteilen sich in etwa 200 verschiedene Arten. Fossil lassen sie sich bereits vor etwa 600 Millionen Jahren nachweisen. Die meisten Quallen werden aufgrund ihrer winzigen Größe von den Tauchern gar nicht gesehen. Doch machen sie sich für den Menschen auf eine meist unangenehme Weise bemerkbar. Quallen gehören zum Stamm der Nesseltiere (Cnidaria) und besitzen, wie der Name schon vermuten läßt, Nesselzellen, die auf Berührung reagieren. Die Nesselzellen schleudern – bildlich dargestellt – kleine Giftpfeile aus, die unter die Haut dringen, und einen Brenn- oder Juckreiz hervorrufen. Ihr Gift wirkt unterschiedlich stark. So können insbesondere die kleinen Medusen im Plankton, die kaum sichtbar im

Wasser schweben, einem Taucher schon lästig werden, wenn sie ihn ständig nesseln. Die größeren Quallen dagegen, wie zum Beispiel die Wurzelmundquallen, bekommt man als Taucher nur selten zu Gesicht. Sie schwimmen vornehmlich im Freiwasser der offenen Meere.

Korallen (Anthozoa) werden auch unter dem Begriff »Blumentiere« geführt – sicherlich, weil sie genauso bunt und vielfältig sind wie Blüten. Korallen lassen sich nach der Anzahl der Septen und Tentakeln in zwei große Gruppen unterteilen: die Octocorallia (achtstrahlige) und Hexacorallia (sechsstrahlige). Zu den achtstrahligen Korallen, von denen über 2 500 Arten beschrieben sind, gehören die Weichkorallen oder Lederkorallen (Fam. Alcyonacea), die Hornkorallen oder Gorgonien (Fam. Gorgonacea), die Seefedern (Fam. Pennatularea) und die Blaukorallen (Fam. Coenothecalia), letztere mit nur einer einzigen Art, der Blauen Koralle (*Heliopora coerulea*). Sie sieht der Steinkoralle sehr ähnlich. An einigen Weichkorallen kann man oftmals sehr schön die achtstrahligen Polypen erkennen und nachzählen.

Zu den sechsstrahligen Korallen, von denen über 4 000 Arten bekannt sind, gehören u. a. die Steinkorallen (Scleractinia oder Madreporaria), die Zylinderrosen (Ceriantaria), die Seeanemonen (Actiniaria) und die Krustenanemonen (Zoantharia). Die sechsstrahligen Polypen sind bei vielen Krustenanemonen deutlich zu sehen – allerdings meistens erst bei Nacht, wenn sie ihre Tentakeln ausfahren, um Nahrung aufzunehmen.

Plattwürmer (Plathelminthes) oder Strudelwürmer (Turbellaria) sehen den Nacktschnecken sehr ähnlich und wer-

Oben links: Weich- oder Lederkorallen
(Dendronephthya und Sarcophyton)
Oben Mitte: Farbenprächtige Gorgonie,
Nachtaufnahme
Oben rechts: Acropora-Koralle
(Acropora spec.)

Mitte rechts: Tentakeln einer Seeanemone
(Actiniaria)

Unten links: Diskuskoralle (Fungia fungites)
Unten Mitte: Polypen einer achtstrahligen
Koralle
Unten rechts: Bohnenkoralle (Euphyllia spec.)

*Prächtiger Plattwurm
(Pseudoceros speendidus)*

den oft mit ihnen verwechselt. Sie besitzen, wie der Name schon sagt, eine abgeflachte Körperform und bewegen sich im Riff wie eine Schnecke. Es fehlt ihnen jedoch das für einige Nacktschneckenarten typische Kiemenbüschel. Der ausstülpbare Mund der Plattwürmer befindet sich stets auf der Unterseite.

Plattwurm (Pseudocerus bedfordi)

Zu den **Weichtieren** (Mollusca) gehören die Schnecken (Gastropoda), die Käferschnecken (Polyplacophora), die Muscheln (Bivalvia) und die Kopffüßer (Cephalopoda). Um den Umfang dieses Tierstammes zu verdeutlichen, muß man sich nur vergegenwärtigen, daß es allein 105 000 Schneckenarten gibt. Von den dazugehörigen Nacktschnecken wurden bis heute etwa 5 000 Arten

entdeckt. Die Muscheln belaufen sich auf runde 20 000 Arten. Die etwa 730 Tintenfischarten werden in achtarmige (Kraken) und zehnarmige (Sepien) Kopffüßer unterteilt. Der Schulp der Sepien, der ähnlich wie bei Fischen die Schwimmblase, dem Austarieren dient, ist uns als »Kalkstein« für Heimvögel wohlbekannt.

Der Stamm der **Gliederfüßer** (Arthropoda) ist mit rund einer Million Arten der größte des Tierreiches. Zu diesem Tierstamm gehören die Insekten, die etwa drei Viertel aller Arten ausmachen, Spinnen und Krebse. Für viele Taucher sind besonders die Krebstiere (Crustacea) mit etwa 35 000 Arten die interessantesten. Hierzu zählen auch die Ein-

Oben:
Anemonenkrebs (Neopetrolistes maculatus)

Rechte Seite:

*Oben links: Einsiedlerkrebs
(Dardanus magistos)*
*Oben rechts: Putzergarnele
(Stenopus hispidus)*

Unten: Boxerkrabbe (Lybia spec.)

siedlerkrebse, die Hummer, die Langusten, die Krabben und die Garnelen.

Zu den rund 6 000 Arten der **Stachelhäuter** (Echinodermata) zählen die Haarsterne (Feder- oder Federseesterne) (Crinoidea), die Seesterne (Asteroidea), die Seegurken (Holothuroidea), die

Schlangensterne (Ophiuroidea) und die Seeigel (Echinoidea). Haarsterne sind in 14 Familien mit ca. 550 Arten vertreten. Zu den **Manteltieren** (Tunicata) gehören die Seescheiden (Ascidiae) und die Salpen (Thaliacea). Bemerkenswert an den Manteltieren ist, daß diese im System der Tiere uns Menschen näher stehen, als man vermuten könnte. Sie gehören zum Stamm der Chordatiere, der sich wiederum in drei Unterstämme unterteilt: die Manteltiere (Tunicata), die Schädellosen (Acrania) (mit den Lanzettfischchen) und die Wirbeltiere (Vertebrata), zu dem die Säugetiere und damit auch der Mensch zählen.

Oben links: Seestern (Asterina burtoni)
Oben rechts (großes Bild): Java-Seestern (Nardoa pauciforis)

Mitte links: Seegurke (Bohadschia argus)
Unten links: Roter Federseestern (Himerometra robustispinna)
Unten Mitte: Griffelseeigel (Heterocentratus mammilatus)
Unten rechts: Schlangenseestern (Nachtaufnahme) (Ophiatrix purpurea)

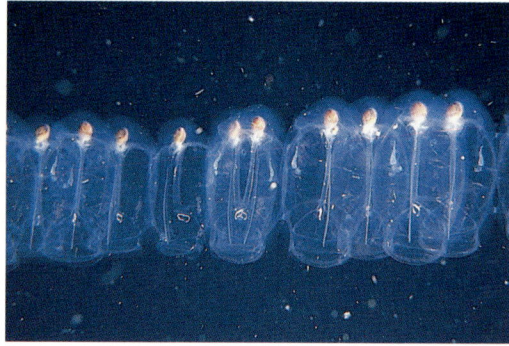

Im Unterschied zu den Seescheiden, die fest auf Grund sitzen, schwimmen die Salpen im Freiwasser. Beide besitzen eine Hülle, die Tunica, und eine Ansaug- und Ausfuhröffnung. Mit Hilfe eines Kiemenkorbs, der auch der Atmung dient, wird Nahrung aus dem Wasser gefiltert.

Oben links:
Kleine Seescheiden (Ascidiae) auf einer großen Seescheide

Oben rechts:
Salpen (Pegea socea) evtl. Riesensalpen (Salpa maxima)

Tauchen in Malaysia

Der Tauchsport erreichte Malaysia über die Nachbarländer Singapore und Thailand. In Singapore entwickelte sich das Tauchen bereits in den 80er Jahren sehr schnell zu einem beliebten Modesport. Nach der Ausbildung nutzten viele frisch zertifizierte Taucher die nahegelegenen Riffe Malaysias, um dort ihrem neuen Hobby nachzugehen. Ziele wie Tioman oder Langkawi waren für einen Kurzurlaub über das verlängerte Wochenende schnell erreichbar.

In Thailand war Phuket schon seit etwa 1975 ein bevorzugtes internationales Taucherziel. Die Kreuzfahrten zu den Similan Inseln lockten viele europäische Gäste an. Da einige von ihnen im Anschluß ihres Thailandurlaubes auch Malaysia bereisten, entdeckten sie zunächst um Tioman die ersten wunderschönen Tauchgründe des Landes. Das sprach sich in Taucherkreisen schnell herum. Die Seekarte studierend, starteten die ersten Tauchexpeditionen, die anfänglich von Singapore aus und später von kleinen Tauchshops in Kuala Lumpur organisiert wurden. Auf der Suche nach neuen Tauchgründen stieß man insbesondere um die Inseln im Südchinesischen Meer und der Zulu See auf einzigartige Korallenlandschaften.

Die entdeckten Tauchgebiete erfreuten sich in Singapore großer Beliebtheit. Tauchshops und Reiseunternehmer griffen mit Erfolg die Idee auf, Pauschaltauchreisen in diese Region anzubieten. Darauf reagierte das malayische Touristikministerium sofort. Die großangelegte Werbekampagne, mit der man bereits die Naturschönheiten an Land anpries, wurde um einen weiteren Punkt ergänzt. Das TDC gab eine spezielle Broschüre heraus, die die Taucher auf die Korallenriffe in Malaysia aufmerksam machen sollte. Heute gibt es davon sogar schon eine deutsche Übersetzung (Malaysia Unterwasserwelten). Zur Urlaubsplanung ist diese Broschüre jedoch mit Vorsicht zu genießen. Sie gibt leider keinen genauen Aufschluß darüber, ob an den beschriebenen Zielen nur geschnorchelt werden kann, oder ob dort auch eine Leihausrüstung zum Tauchen zur Verfügung steht.

Mittlerweile haben sich in Malaysia einige professionell geführte Tauchschulen niedergelassen, allen voran die Borneo Divers, die heute mehrere Zweigstellen auf Borneo unterhalten. Der Tauchsport erfreut sich in ganz Malaysia zunehmender Beliebtheit, und die Zahl der ausländischen Tauchgäste steigt von Jahr zu Jahr. Der Nachfrage entsprechend wird die Anzahl der Tauchschulen auch immer größer. Die Tauchgebiete um Tioman, den Perhentian Inseln und Sipadan sind bereits weltweit bekannt geworden und sogar in einigen Katalogen spezialisierter deutscher Tauchreiseveranstalter zu finden. Dennoch zählt der Tauchsport in Malaysia zu den jüngeren Sportarten: es werden ständig weitere Riffe entdeckt und die Vermarktung der entdeckten Ziele steckt noch im organisatorischen Aufbau.

So lassen sich bei der Urlaubsvorbereitung in der Regel nur schwer Informationen über spezielle malayische Tauch-

ziele finden. Um diese Lücke zu schließen, werden in dem vorliegenden
Tauchreiseführer die schönsten und interessantesten Tauchgebiete des Landes
detailliert vorgestellt. Des weiteren finden Sie im Informationsteil aktuelle
Adressen, Telefonnummern und – wenn
möglich – Angaben zu Preisen sowie
Hinweise, wie die jeweiligen Ziele am
besten zu bereisen sind.

*Jungtiere versammeln sich gern zu größeren Schwärmen (hier ein Barrakudaschwarm),
um sich im Verband gegen größere Räuber zu schützen.*

Tauchgebiete in Malaysia

Die Westküste der Malaiischen Halbinsel wird von der Straße von Mallacca im Süden und der Andamanensee im Norden begrenzt. Der etwa 800 km lange Küstenstrich besitzt zur Überraschung der meisten Taucher so gut wie keine intak-

ten Korallenriffe mehr. Das liegt zum einen an der stark voranschreitenden Industrialisierung des Landes, die sich schwerpunktmäßig um die historischen Handelsplätze Penang, Kuala Lumpur und Maleka angesiedelt hat. Die ins Meer abgeleiteten Abwässer der Industrieanlagen und größeren Städte beeinträchtigen das Wachstum der Korallen ganz erheblich. Zum anderen hemmen aber auch natürliche Einflüsse die Korallenbildung an der Westküste beachtlich. Das Meer ist vor der Westküste nur sehr flach und wirbelt durch Gezeiten, Seegang und Strömungen bedingt soviel Sand vom Grund auf, daß die Korallen förmlich ersticken. Dadurch ist das Wasser auch ständig trübe und für Taucher weniger interessant.

Lediglich im Norden, in der Nähe von Langkawi, sind einige schöne Tauchplätze zu finden. In den geschützten Buchten der Inseln können sich die Riffe besser entfalten und um den Januar die Sichtweiten unter Wasser bis auf etwa 20 m ansteigen.

Die besseren Tauchgebiete in Malaysia liegen an der Ostküste von Westmalaysia. In unmittelbarer Küstennähe gibt es allerdings keine nennenswerten Korallenlandschaften, weil das Meer dort ähnlich wie an der Westküste sehr flach und das Wasser zum Tauchen viel zu trübe ist. Die bevorzugten Tauchgründe befinden sich um die vorgelagerten Inseln. Die Riffe sind größtenteils wunderschön bewachsen und von einer großen Artenvielfalt tropischer Meeresfische besiedelt. Dort ist die Sicht auch besser und liegt in der Hauptsaison von März bis Oktober durchschnittlich zwischen 15 und 30 m. Der Tauchtourismus entwickelte sich an der Ostküste zuerst auf

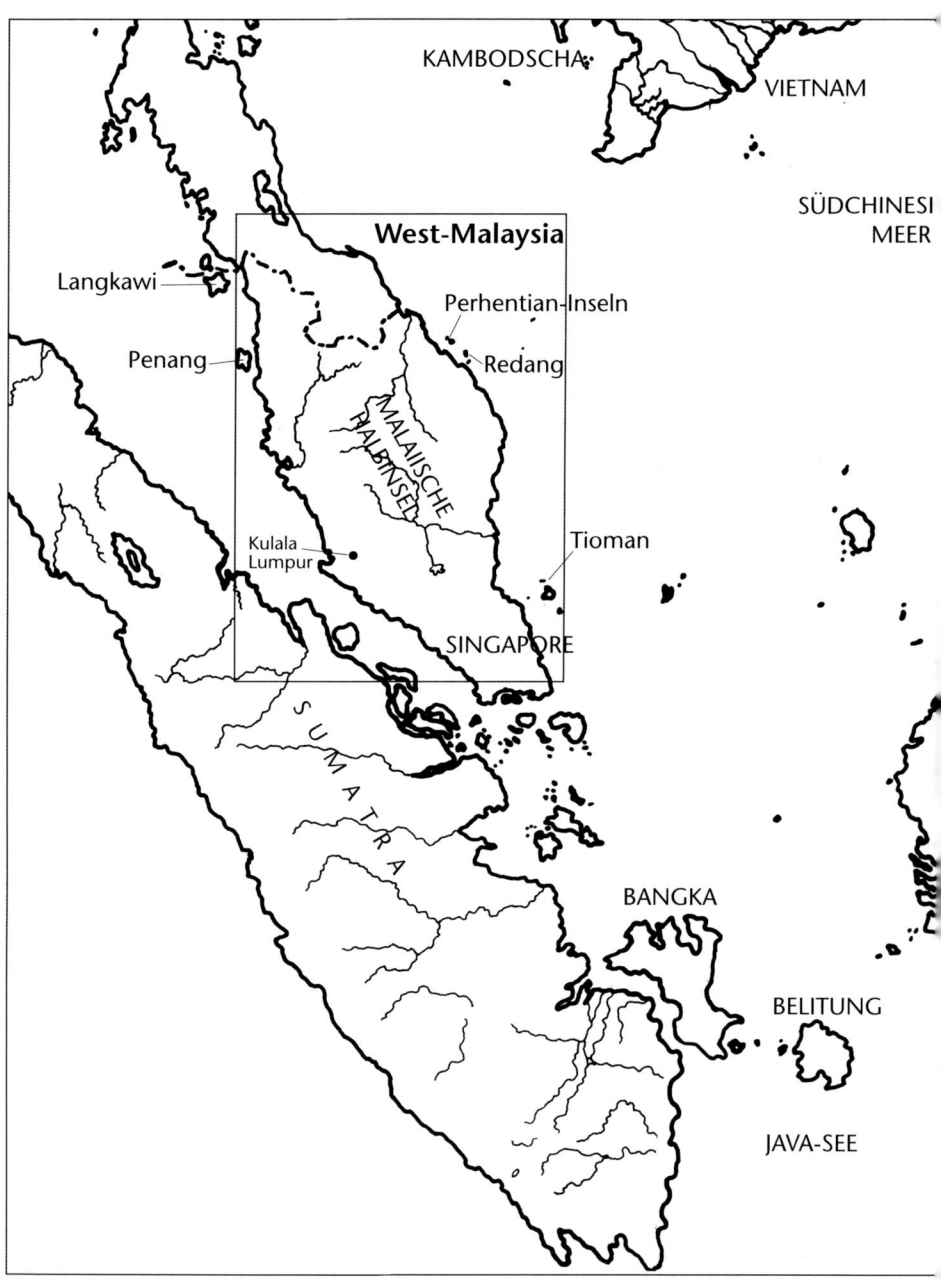

KAMBODSCHA

VIETNAM

SÜDCHINESI
MEER

West-Malaysia

Langkawi

Perhentian-Inseln

Penang

Redang

MALAIISCHE
HALBINSEL

Kulala
Lumpur

Tioman

SINGAPORE

S U M A T R A

BANGKA

BELITUNG

JAVA-SEE

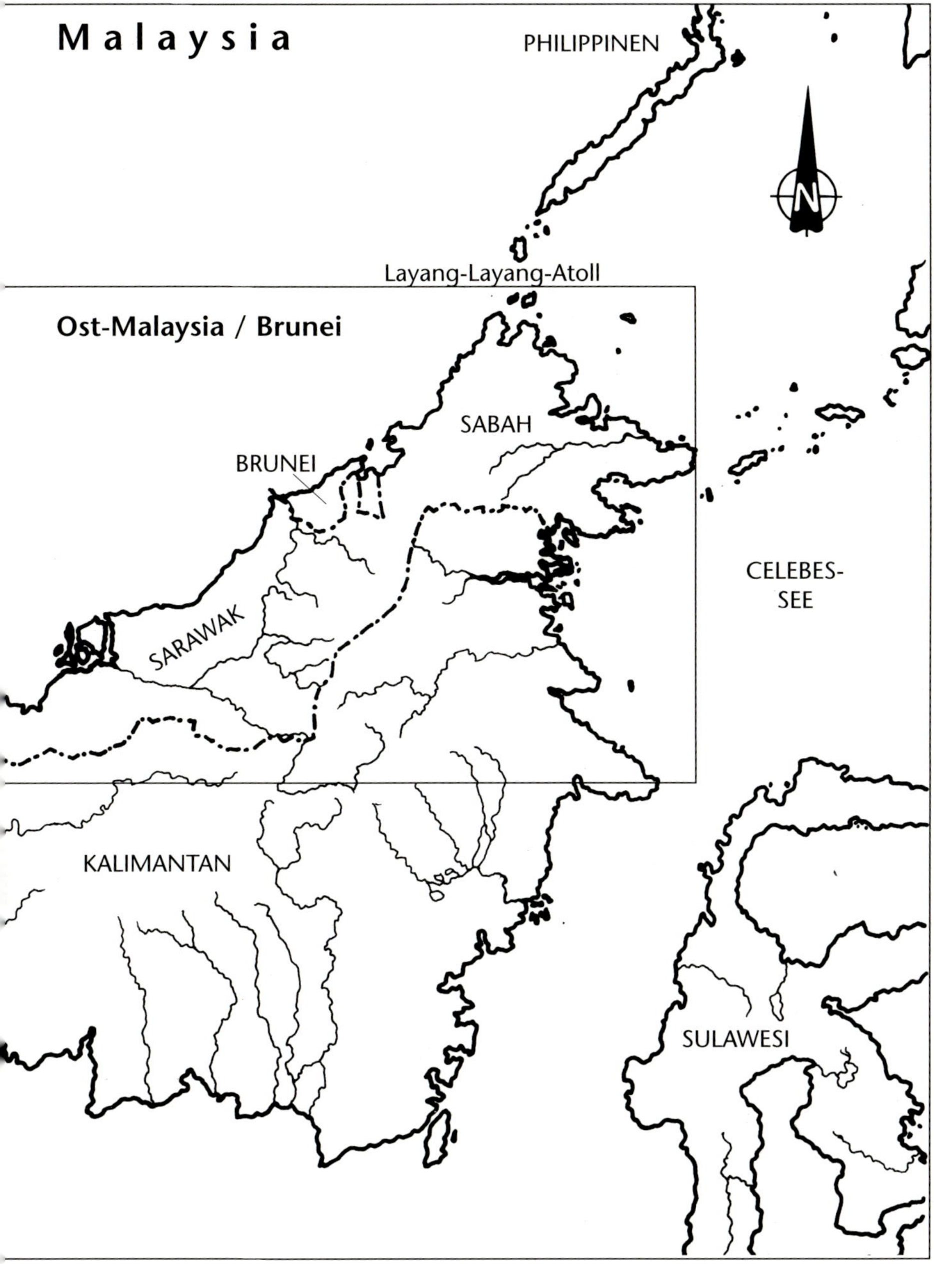

Malaysia

PHILIPPINEN

N

Layang-Layang-Atoll

Ost-Malaysia / Brunei

SABAH

BRUNEI

CELEBES-
SEE

SARAWAK

KALIMANTAN

SULAWESI

Rifflandschaft vor den Perhentian Inseln, Ostküste

Tioman im Süden und verbreitete sich später bis auf die nördlich gelegenen Perhentian Inseln. Auf Tioman und den Perhentian Inseln etablierten sich auch die ersten Tauchschulen. Die anderen Inseln wurden mit speziell organisierten Tauchexpeditionen oder mit Tagestouren vom Festland aus angefahren.

Die Riffe um die Perhentian Inseln und Pulau Redang zählen zu den schönsten der Ostküste. Da das Südchinesische Meer an diesen Stellen tiefer ist (bis zu 70 m und mehr), können sich die Korallen besser entfalten: ihr Wachstum wird nicht durch aufgewirbelte Sedimente eingeschränkt. Viele Riffe sind reich mit Weichkorallen oder ungewöhnlich großen Hartkorallenarten bewachsen und

bieten den Tauchern ein eindrucksvolles Bild unberührter Unterwasserlandschaften.

Auf Borneo stellt die Hauptstadt Sabahs, Kota Kinnabalu, der Ausgangspunkt der meisten Tauchaktivitäten dar. Von Kota Kinnabalu werden Tauchausfahrten in den nahegelegenen Tunku Abdul Rahman Nationalpark arrangiert und Pauschalpakete nach Sipadan angeboten. Weiterhin starten von Kota Kinnabalu aus mehrtägige Tauchkreuzfahrten nach Layang Layang, einer 1992 neu entdeckten Tauchdestination. Die kleine Insel Sipadan in der Zulu See avancierte in kürzester Zeit zu einem der beliebtesten Tauchgebiete Malaysias. Ein Grund dafür sind sicherlich die vielen Schildkröten, die Taucher dort sehen können. Die beeindruckenden Steilwände um Sipadan bieten Tauchgänge der Spitzenklasse mit einem selten gesehenen Fischreichtum. Sipadan bietet im Gegensatz zum Südchinesischen Meer zusätzlich eine größere Wahrscheinlichkeit, Großfische anzutreffen. In den Monaten von Anfang März bis Ende November erreichen die Sichtweiten um Sipadan teilweise unglaubliche 60 m. Im Tunku Abdul Rahman Nationalpark liegen sie dagegen nur selten über 15 m.

Um die Korallenriffe in Malaysia zu schützen, erklärte die malaysische Regierung die meisten Tauchgebiete zu Marine National Parks. Damit untersagte sie jeglichen Motorbootsport und das Harpunieren, das mit einer entsprechenden Lizenz an anderen Stellen in Malaysia leider immer noch erlaubt ist. Aber auch die Tauchlehrer der Tauchschulen leisten einen großen Beitrag zur Erhaltung der bezaubernden Unterwasserlandschaften. Sie wachen mit Argusaugen

über »ihre« Tauchplätze und achten darauf, daß die Taucher nichts aus den Riffen abbrechen und als Souvenir mitnehmen. Das einzige, was hin und wieder eingesammelt werden darf, ist Unrat, zumeist achtlos über Bord geworfene Dosen, Plastiktüten oder Batterien. Ich habe selbst schon an solchen vorbildlichen Aktionen teilgenommen. Damit die Tauchgäste auch einen kleinen Beitrag leisten können, sei an dieser Stelle noch einmal auf die Verhaltenstips auf Seite 45 ff. hingewiesen.

Penang und Langkawi

Penang

Penang liegt nordwestlich Malaysias in der Andamanensee. Die Insel zählt zu den touristisch bekanntesten Inseln des Landes. Sie ist durch einen eindrucksvollen, 8,5 km langen Straßendamm mit dem Festland verbunden.

Früher war Penang für die englischen Kolonialherren ein bevorzugter Erholungsort. Eines der bekanntesten Hotels in Georgetown, das Eastern & Oriental Hotel (kurz E & O Hotel genannt), erinnert noch heute an den Flair der vergangenen Kolonialzeit. Das Personal blickt stolz darauf zurück, in vergangenen Tagen den berühmten Schriftsteller Somerset Maugham beherbergt zu haben. Seine Lieblingssuite, die jetzt an Gäste vermietet wird, lag im Erdgeschoß des Eastern & Oriental Hotels.

Da sich zu Beginn dieses Jahrhunderts viele Kaufleute, Reeder und Unternehmer auf Penang niedergelassen haben, können bis heute auf der Insel zahlreiche luxuriöse Villen bewundert werden.

Im Inselinneren scheint die Zeit stehengeblieben zu sein. Hier prägen Gewürzfelder und die vor langer Zeit angelegten Kautschuk- und Ölpalmplantagen das Landschaftsbild. Zinn ist nach wie vor ein wichtiges Exportgut.

Penang heute: Verschmelzung von Kolonialzeit und Moderne

Pulau Langkawi

Georgetown ist mit 500 000 Einwohnern nach Kuala Lumpur die zweitgrößte Stadt Malaysias. Die historische Entwicklung der Stadt läßt sich heute an den vielen eindrucksvollen alten Gebäuden nachvollziehen. Die zahlreichen unterschiedlichen Tempelanlagen weisen darauf hin, daß nicht nur unterschiedliche Nationalitäten, sondern auch Menschen verschiedener Glaubensrichtungen seit langem auf Penang ansässig sind. Immer noch leben Moslems, Buddhisten, Hindus und Christen auf engem Raum friedlich nebeneinander. Die Altstadt von Georgetown erscheint besonders eindrucksvoll. Ihr Bild wird vom großen Bevölkerungsanteil der Chinesen geprägt.

Für ausländische Besucher erscheint der Anblick der engen Gassen meistens etwas verwirrend. Überall wird etwas angeboten und verkauft, Märkte auf- und abgebaut, sowie alle erdenklichen Artikel an- und abtransportiert. Der Übergang zwischen Familienleben und Handel scheint fließend. Die meisten Türen der Häuser stehen offen und gewähren Einblicke in die Wohnungen. Das Leben spielt sich – durch die räumliche Enge bedingt – vornehmlich auf der Straße ab. Deshalb werden sogar viele Feste direkt vor der Haustür auf der Straße gefeiert. Typischer kann man sich eine asiatische Stadt nicht vorstellen. Als Transportmittel im Nahverkehr der Stadt wird immer noch die Rikscha bevorzugt. Im Verkehrschaos alter und neuer Wagenmodelle sind Rikschas in den schmalen Straßen noch die wendigsten Fortbewegungsmittel. Wer auf Penang Urlaub macht, sollte mindestens einen Tag einplanen, um sich in der Altstadt von Georgetown umzuschauen.

Eine „viergesichtige" Buddha-Statue mit Rundumblick, Penang

Heute haben sich eine Reihe westlicher Unternehmen auf Penang angesiedelt, die dort Billigwaren produzieren lassen. Penang entwickelte sich zu einem internationalen Schmelztiegel. Neue Geschäftsgebäude entstehen direkt neben den alten, traditionellen Kolonialhäusern. Elektrische Leuchtreklamen überstrahlen die chinesischen Schriftzüge an den Fassaden. Dem Besucher präsentiert sich ein Bild der krassen Gegensätze.

In vielen Gärten leben wilde Affen

Wer Penang bereist, sollte sich ein paar Tage Zeit nehmen, um das reiche Angebot an Sehenswürdigkeiten wahrnehmen zu können. Viele eindrucksvolle Tempelanlagen, Kirchen, Moscheen und zahlreiche Bauten aus der Kolonialzeit sind einen Besuch wert!

Zu den interessantesten Sehenswürdigkeiten Penangs, die bei einem Besuch nicht ausgelassen werden sollten, zählen die Schmetterlingsfarm, der Schlangentempel, der botanische Garten, das Re-

servat Pantai Aceh sowie das Fort Cornwallis.

Die Schmetterlingsfarm besteht aus einer großzügig angelegten, mit großen Netzen überspannten Gartenanlage. Sie vermittelt dem Besucher einen überaus bunten Eindruck. Überall flattern farbenprächtige Schmetterlinge durch die Luft. An den Futterplätzen können sie aus nächster Nähe genauer beobachtet werden. Dort bestehen auch die besten Fotografiermöglichkeiten. Mit etwas Ge-

duld können ausgezeichnete Nahaufnahmen von Schmetterlingen geschossen werden, die in der freien Natur nur sehr selten oder mit viel Glück zu sehen sind. Erklärende Hinweisschilder geben dabei Aufschluß über die verschiedenen Arten, ihre Verbreitungsgebiete und zur Lebensweise. Zusätzlich unterhält die Schmetterlingsfarm einige Terrarien, in denen Schlangen, Spinnen und Skorpione gehalten werden. Schade nur, daß im Souvenirshop, der beim Verlassen des Gebäudes unweigerlich durchquert werden muß, so viele Tierpräparate angeboten werden!

Die Besucher des Schlangentempels können in den Genuß kommen, lebendige Lanzenottern – Wagler's Pit Viper – hautnah zu erleben. Diese giftige Schlangenart kommt zwar in Malaysia recht häufig vor, ist jedoch in freier Wildbahn nur sehr selten anzutreffen. Im Schlangentempel dagegen gibt es gleich mehrere Exemplare davon, die aber scheinbar gelangweilt zwischen den Ästen bereitgestellter Sträucher dahinvegetieren. Angeblich sollen sie dort vom Rauch der Räucherstäbchen »benebelt« sein und lassen sich sogar für ein mutiges Erinnerungsfoto auf den Schultern tragen.

Der botanische Garten beeindruckt mit gut beschilderten Lehrpfaden und den ausführlichen Erklärungen zu den einzelnen Pflanzenarten. Die Erläuterungen erleichtern ein späteres Wiedererkennen im Dschungel, denn im Gegensatz zu vielen anderen botanischen Gärten kommen die dort gezeigten Arten auch tatsächlich in Malaysia vor. Zu der eindrucksvollen Pflanzenvielfalt haben sich verschiedene Vogelarten und eine große Anzahl von Javaneraffen in der Gartenanlage eingefunden, die zu füttern allerdings nicht ganz ungefährlich ist.

Das Fort Cornwallis steht direkt am Hafen – dort, wo der Engländer Sir Francis Light 1786 die Insel betrat. Insgesamt, so berechnete man später, wäre das Fort zur effektiven Verteidigung der Insel viel zu klein gewesen, und so schätzten sich die Bewohner Penangs glücklich, daß sie nie auf die Wehrhaftigkeit der Anlage angewiesen waren. Eine der auf den Mauern stehenden Kanonen wird heute von vielen malaiischen Frauen als Zeichen der Fruchtbarkeit verehrt.

Die Insel Penang hat wie bereits beschrieben eine ganze Reihe weiterer Sehenswürdigkeiten anzubieten. Das am Hafen gelegene Tourist Office, unweit vom Fort Cornwallis, hält für jeden Gast umfangreiches Informationsmaterial bereit.

Leider gibt es um Penang keine nennenswerten Tauchplätze. Nun wird sich der Leser fragen, weshalb die Insel trotzdem in einem Tauchreiseführer beschrieben wird. Der Grund ist, daß Penang sicherlich zu den sehenswertesten kulturhistorischen Inseln Malaysias zählt. Das Flair der Stadt Georgetown ist unvergleichbar und für viele der Inbegriff des typischen südostasiatischen Stadtlebens. Zum anderen dient die Insel meistens als Ausgangspunkt für einen Besuch auf Langkawi. Es sei denn, der Langkawi Airport wird direkt angeflogen. Auch das ist neuerdings von Kuala Lumpur und von Singapore aus möglich.

Langkawi

Die Insel Langkawi liegt vor dem nördlichen Teil der malaysischen Westküste und ist die größte Insel des Archipels. Insgesamt liegen der Küste dort 99 wei-

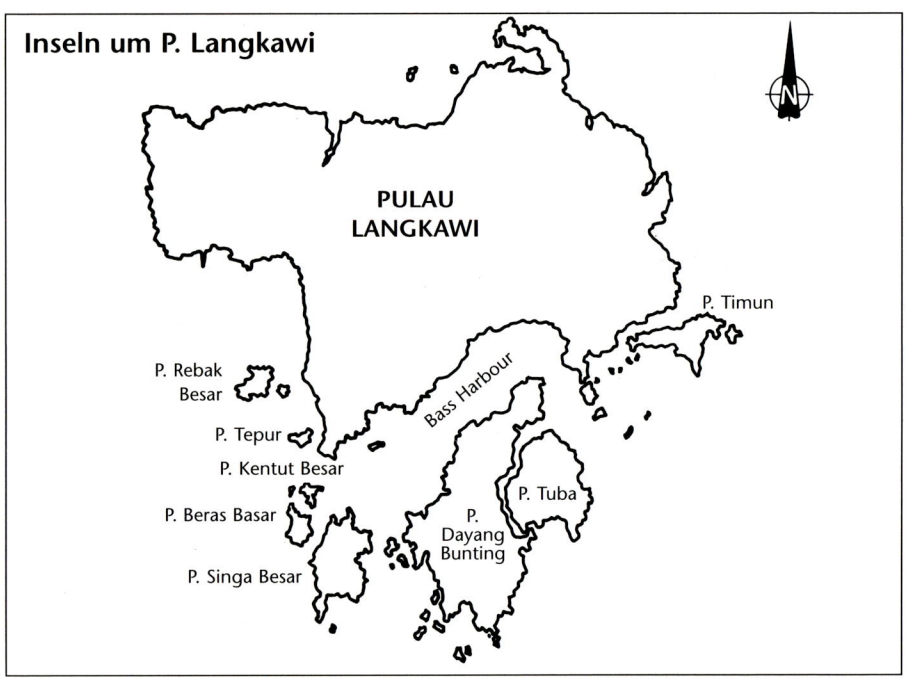

Inseln um P. Langkawi

PULAU
LANGKAWI

P. Timun

P. Rebak
Besar

Bass Harbour

P. Tepur

P. Kentut Besar

P. Tuba

P. Beras Basar

P.
Dayang
Bunting

P. Singa Besar

tere kleine Inseln vorgelagert. Langkawi eignete sich früher hervorragend als Unterschlupf für Piraten. Hier konnten sie in den vielen versteckt liegenden Buchten unauffällig für ein paar Tage ihren Verfolgern entschwinden.

Einer Sage nach soll über Langkawi ein Fluch gelegen haben, der von der Prinzessin Mahsuri ausgesprochen wurde. Sie wurde wegen eines nicht begangenen Seitensprunges zum Tode verurteilt und belegte die Insel deshalb mit einem Fluch, der sieben Generationen andauern sollte. Es folgten in der Tat mehrere schlechte Ernten, Unwetter und von Norden fielen die Thailänder über die Insel her.

Ob sich die Einflüsse des Fluches aus so schönem adeligen Munde bis in die heutige Zeit auswirken, vermag keiner so genau zu sagen. Unvorhersehbare Ereignisse und Entwicklungen werden jedenfalls oft und gerne darauf zurückgeführt. Der Wortlaut des Fluchs ist jedenfalls noch heute am Grabe der moslemischen Prinzessin Mahsuri, 10 km von Kuah entfernt, auf dem Grabstein genau nachzulesen.

Eigentlich sollte Langkawi in den 80er Jahren zum neuen Touristenzentrum Malaysias avancieren. Die verträumte Insel verschlief jedoch den Auftritt auf der internationalen Touristenbühne und blieb weit hinter den erwarteten Besucherzahlen zurück. Wilde Grundstücksspekulationen und große Baupläne wurden so bereits im Keim erstickt. Großangelegte Werbekampagnen brachten

kaum Resonanz. Um den touristischen Interessantheitsgrad dennoch zu steigern, erklärte man Pulau Langkawi 1987 zur zollfreien Zone und hoffte damit die Touristen anzuziehen. Der Einkauf koppelte sich mit einem obligaten dreitägigen Besuch. Doch anstelle der erwarteten Europäer fanden sich überwiegend Besucher aus dem eigenen Land ein, die das verlängerte Wochenende zu einem ausführlichen Einkaufsbummel nutzten. Langkawi und die umliegenden Inseln sind bis jetzt immer noch vom avisierten Touristenboom verschont geblieben.

Auch die Tauchaktivitäten beschränken sich auf wenige kleine Tauchshops, die versuchen, die wenigen Tauchplätze zu vermarkten. An der Strandpromenade von Kuah streiten zwar eine kleine Anzahl von Tauchschulen um die Gunst der wenigen Taucher, doch meistens finden sich nur einige interessierte Schnorchler für ihre Ausflüge. Taucher nehmen nur sporadisch an den Ausfahrten teil.

Der Mutiara Beach eignet sich gut zum Baden und Schnorcheln

Früher schätzten die Piraten die ruhigen Buchten als gute Versteckmöglichkeiten

Tauchplätze um Langkawi

Die Inselgruppe um Payar

Etwas südlicher von Langkawi, am Nord-
ende der Straße von Mallacca, liegen
vor der Küste des Bundesstaates Kedah
vier kleine Inseln inmitten der Andamanensee. Sie wurden 1985 zum Marine
National Park erklärt. Zu dieser Inselgruppe gehören Payar, Segantang, Kala
und Lembu. Sie verfügen über eine Reihe
schöner Buchten mit weißen, feinsandi-
gen Stränden, an denen kaum Besucher
zu finden sind. Dort können bereits im
flachen Wasser die ersten Schnorchelerkundungen gemacht werden. Da die
Korallenriffe um Payar kaum betaucht
wurden, erwartet den Gast eine intakte
Unterwasserwelt. Besonders schöne und
artenreiche Riffe liegen südlich der Insel
Payar. Hier fasziniert die große Artenvielfalt unterschiedlicher Korallenarten.
Makrofotografen können an den Riffen
eine große Auswahl interessanter Motive
finden. Daneben tummeln sich viele
kleinere Meeresfische zwischen den Ko-
rallenstöcken der Flachwasserzonen.
Auch für Schnorchler eignen sich diese
Ausfahrten gut. Solange das Meer ruhig
ist, kann die Sichtweite bis nahezu 30 m
gehen. Lediglich bei unruhiger See trübt
das Wasser schnell ein. Grund dafür ist
die geringe Tiefe, die nur selten mehr als
25 m beträgt. An solchen Tagen ist das
Tauchen dort jedoch uninteressant und
weniger empfehlenswert.

Auf Payar gibt es die Möglichkeit zu
übernachten, doch muß der Aufenthalt
vorher über das Fischerei-Departement
in Kuala Lumpur oder Alor Star angemeldet werden. Danach kann man dann
auf der Insel zelten. Andere Übernachtungsmöglichkeiten gibt es auf den In-

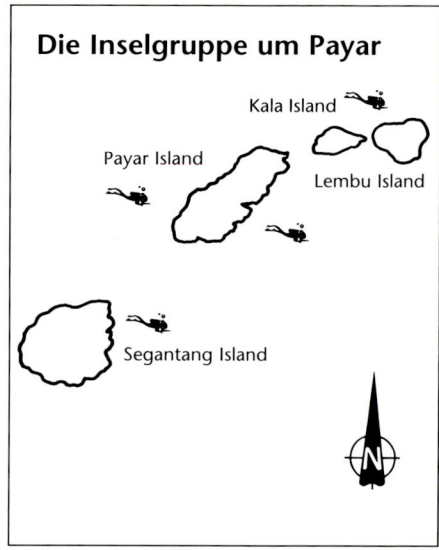

Die Inselgruppe um Payar

Kala Island

Payar Island

Lembu Island

Segantang Island

seln noch nicht. Die meisten Tauch-exkursionen in dem Gebiet bleiben so-mit sicherlich auch in den nächsten Jahren mit dem Hauch einer Mischung aus Abenteuer und Entdeckeratmosphäre behaftet.

Spezialisierte Tauchreiseunternehmen organisieren von Kuala Lumpur aus mehrtägige Tauchausflüge. Der Tagespreis liegt bei etwa MS$ 300,—. Tagesausfahrten können ebenfalls von Penang und Langkawi aus durchgeführt werden. Dabei beträgt die Anreisezeit allerdings zwischen vier und fünf Stunden. Die Ausfahrten beginnen deshalb bereits früh am Morgen und enden erst gegen 19.30 Uhr. Für Schnorchler werden von

Kuala Kedah aus Tagestouren angeboten. Von dort aus dauert die Bootsfahrt nur etwa eine Stunde.

Die beste Saison für Tauchkreuzfahrten fällt in die Monate Oktober bis März. In dieser Jahreszeit ist die See meistens ruhig, und die Sichtweiten unter Wasser können erstaunlich gut sein.

Die Perhentian Inseln

Die Perhentian Inseln liegen im Südchinesischen Meer vor der Ostküste Westmalaysias. Diese kleine Inselgruppe besteht aus zwei Hauptinseln: Besar, die »Große Perhentian Insel«, und Kechil,

Farbenprächtige Gorgonie

Blaupunktrochen halten sich auch im Flachwasser auf

Das Fischerdorf lohnt immer einen Besuch

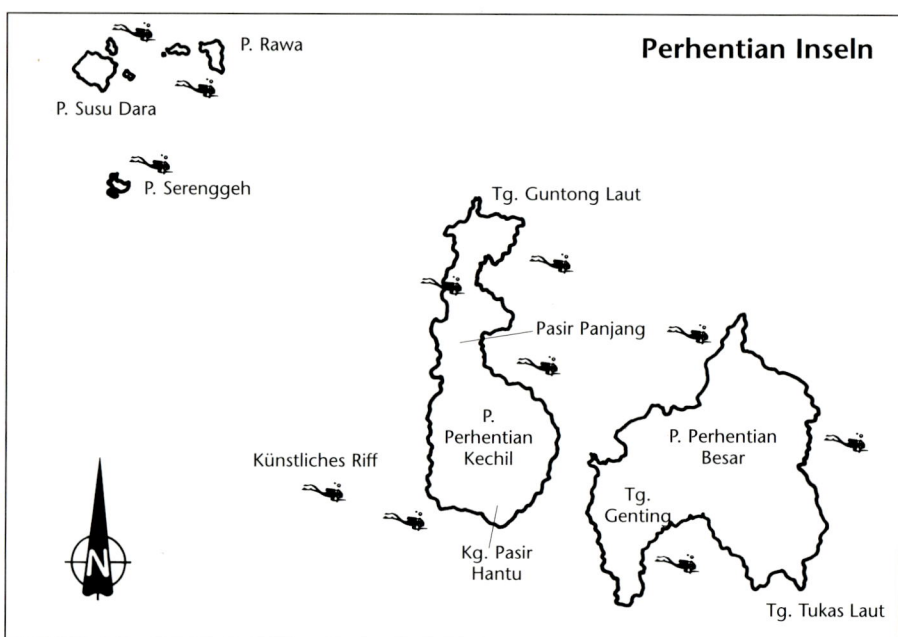

die »Kleine Perhentian Insel«, . Auf beiden Inseln waren bis 1989 Touristen nur höchst selten anzutreffen, und selbst in den neuesten Auflagen einschlägiger Reisehandbücher finden die Perhentian Inseln kaum Beachtung. Das mag vielleicht daran gelegen haben, daß bis vor kurzem ein Besuch vorher im zuständigen Distriktamt in Trengganu oder Besut angemeldet werden mußte und auf der Insel nur wenige Bungalows zur Verfügung standen. Lediglich in einem Fischerdorf standen drei spartanische Hütten zur Verfügung. Ansonsten mußten Zelte mitgebracht werden. Das hat sich mittlerweile grundlegend geändert. Es gibt heute gute Übernachtungsmöglichkeiten in mehreren Bungalowanlagen und einen täglichen Bootstransfer, der zwischen Kuala Besut, einem kleinen Fischerort an der Küste, und den 1,5 Stunden entfernt gelegenen Inseln pendelt. Auf der großen Insel entstand 1990 das Perhentian Island Resort, in dem der komfortgewöhnte Gast sogar klimatisierte Bungalows beziehen kann. Die meisten Besucher reisen auf die größere Insel, weil dort neben der größeren Auswahl an Unterkunftsmöglichkeiten auch die schöneren Buchten liegen.

Auf Perhentian Kechil befindet sich ein sehenswertes Fischerdorf. Dort scheint die Zeit stehengeblieben zu sein. Die Besucher können das typisch malayische Insel- und Fischerleben miterleben und einige Beispiele traditioneller Handwerkskunst sehen.

Prägend für die Landschaft der Perhentian Inseln sind die weißen Strände, traumhafte Lagunen und ein dichter Dschungel. Genau das Richtige also für den modernen Robinson, der die Seele für ein paar Tage baumeln lassen möch-

Südseeidylle auf den Perhentian Inseln

te. Vielen Besuchern gefällt es dort so gut, daß sie ihren geplanten Aufenthalt gleich noch um ein paar Tage verlängern.

Für Taucher und Schnorchler haben sich die Perhentian Inseln schnell als neuer Insidertip herumgesprochen. Dazu ist das Perhentian Island Resort die beste Adresse. Hier trifft der tauchinteressierte Gast eine gut organisierte Tauchschule an, die professionell geführt wird. Das »Steffen Sea Sport Center«, geleitet vom gleichnamigen Chinesen Steffen, verfügt über moderne Tauchausrüstungen

Das Perhentian Island Resort ist für Taucher die beste Adresse am Platze

und die schnellsten Speedboote, mit denen die umliegenden Tauchplätze in Kürze erreicht werden können. Es finden täglich zwei Ausfahrten statt, eine vormittags und eine nachmittags. So bleibt zum Mittagessen und zwischen den Tauchgängen noch genügend Zeit auf der Insel, um sich zu entspannen. Der gute Service der Tauchschule weist eine weitere Besonderheit auf: pro Boot fahren nur sechs bis sieben Taucher mit! Damit die Korallenriffe um die Perhentian Inseln erhalten bleiben, legt der Basisleiter zusätzlich großen Wert auf eine saubere Tarierung der Taucher. Wer nicht richtig tarieren kann, muß sich mit »Nebentauchplätzen« begnügen oder wird ganz vom Tauchen ausgeschlossen. Das erscheint einigen Tauchern zwar etwas uneinsichtig, stellt meines Erachtens aber einen vorbildlich praktizierten Umweltschutz dar. Finden sich einmal mehr als sechs Taucher ein, so fahren zwei Tauchboote zu unterschiedlichen Plätzen. Das hilft, die in vielen anderen Ländern so oft zu beobachtenden »Taucherrudel« zu vermeiden. Diese Maßnahmen werden von den Unterwasserfotografen ganz besonders begrüßt: Sie können in aller Ruhe und ungestört ihre Motive ablichten.

Auch zählen die Ausbildungsbedingungen zu den besten, die in Malaysia vorzufinden sind. Die geschützte Lagune liegt genau vor dem Ressort. Sie ist feinsandig, flach und fällt nur leicht ab. Die aufeinander aufbauenden Ausbildungsschritte können also im ruhigen Wasser in unterschiedlichen Tiefen durchgeführt werden. Zur rechten und linken Seite der Bucht ragen die Korallen bis knapp unter die Wasseroberfläche empor, so daß die Tauchanfänger schon

während der ersten Stunden ihrer Ausbildung interessante Fischbeobachtungen machen können.

Die Lagune eignet sich jedoch auch für Nichttaucher hervorragend. Sie bietet phantastische Bademöglichkeiten, da sie wie bereits erwähnt feinsandig ist, flach abfällt und keine Steine, Korallen oder Seeigel das Schwimmvergnügen behindern.

In den Sommermonaten halten sich in der Lagune stets ein paar Meeresschildkröten auf. Als Schnorchler kann man sie besonders gut beobachten, wenn man sich einfach ruhig und bewegungslos an der Wasseroberfläche treiben läßt

Oben:
Intakte Korallenlandschaft in der Lagune
vom Perhentian Island Resort

Unten:
Anemonenfische bevorzugen den Schutz
ihrer Wirtsanemone

(ACHTUNG: T-Shirt – und evtl. eine lange Hose – als Sonnenschutz nicht vergessen!).

Zwischen Juni und September kommen Schildkröten nachts zur Eiablage an den Strand. Jeder, der einmal gesehen hat, wie eine Schildkröte in der Dunkelheit unter größten Anstrengungen ihre Eier im Sand vergräbt, wird dieses Naturschauspiel sicherlich in bleibender Erinnerung behalten.

Für die Schnorchler hält die Lagune an ihren Rändern die ganze Palette bunter tropischer Meeresfische bereit. Kurz unter dem Wasserspiegel beginnen bereits die ersten Rifformationen, an denen sich unzählige Fische tummeln. Nachmittags ziehen oft große Schwärme von jungen Papageifischen und Seebadern über das flache Riffdach, um nach Nahrung zu suchen. Aber auch auf dem Sandboden der Lagune kann bei näherem Hinsehen reges Leben beobachtet werden. Meist sind es die kleinen, jungen Rochen, die dort gut getarnt und im Schutze der seichten Lagune verweilen. Nur noch ihre Augen und ein kleiner Teil des Schwanzes schauen dann heraus und verraten dem aufmerksamen Schnorchler die Anwesenheit des Tieres. Daneben gibt es Plattfische, die meistens so gut vergraben im Sand liegen, daß sie kaum entdeckt werden können. Seebarben durchwühlen mit ihren Barteln den losen Sand nach Futter. Sie werden dicht auf von Lippfischen verfolgt, die nur darauf lauern, etwas Verwertbares abzustauben. Bei genauerer Untersuchung kann sich also auch der scheinbar lebenskarge Sandboden als ein durchaus interessanter Lebensraum entpuppen und den Schnorchlern einige seltene Beobachtungen bescheren.

Natürlich liegt der größere Reiz darin, sich beim Tauchen als »Fisch unter den Fischen« wohlzufühlen und die bunte Vielfalt der Korallenriffe zu bestaunen. Die Perhentian Inseln bieten dazu reichhaltig Gelegenheit. Die Riffe zeigen teilweise eigenartige Strukturen und Bewuchsformen. Alle sind durchweg üppig bewachsen, einige überwiegend mit Weichkorallen, andere wiederum überwiegend mit Hartkorallen. Mischformen sind eher selten anzutreffen. An vielen Korallengärten um die Perhentian Inseln herum gibt es Stellen, an denen man während des gesamten Tauchganges nur »geradeaus tauchen« kann, ohne an das Ende des Korallenbewuchses zu gelangen.

Tauchplätze

Das Tauchen bei den Perhentian Inseln ist generell sehr einfach. Man kann eigentlich an beliebiger Stelle ins Wasser hineinspringen und trifft auf beachtliche Rifflandschaften. Entsprechend schnell werden die Tauchplätze auch von den Speedbooten erreicht. Zudem sind die Gewässer recht flach, so daß der Luftvorrat lange reicht und man sich ausführlich den Beobachtungen unter Wasser widmen kann. Die Tauchplätze fallen nur selten unter die 20-m-Marke ab. Wellen und Strömung sind so selten, daß schon bei geringsten Anzeichen von weißen Schaumkronen auf dem Meer von »hohem Seegang« geredet wird. Bekannt ist dieses Gebiet, wie auch andere Teile des Südchinesischen Meeres, für die Häufigkeit der Blaupunktrochen und Ringelkaiserfische. Ihnen begegnet man fast bei jedem Tauchgang. Die scheuen Blaupunktrochen sind jedoch häufig nur auf der Flucht zu sehen. Sie

machen sich im wahrsten Sinne des Wortes schon bei der ersten Annäherung sofort »aus dem Staub«! Die farbenprächtigen Ringelkaiser dagegen werden mit etwas Geduld zutraulicher und posieren hin und wieder dicht vor den Linsen der Unterwasserfotografen. Insgesamt erweist sich das Tauchgebiet um die Perhentian Inseln als kleines Paradies für Taucher, die gerne ins Detail schauen. Im Makrobereich gibt es so viel zu entdecken, daß viele Tauchgänge auf wenige Quadratmeter beschränkt bleiben könnten. Obgleich schon große Fische, nicht zuletzt Walhaie, Tigerhaie, Sailfische und Delphine gesichtet wurden, bleiben diese Begegnungen doch dem seltenen Taucherglück vorbehalten. Die Perhentian Inseln sind kein ausgesprochenes Großfischrevier.

Das »Steffen Sea Sport Center« verfügt über 26 ausgeschriebene Tauchplätze,

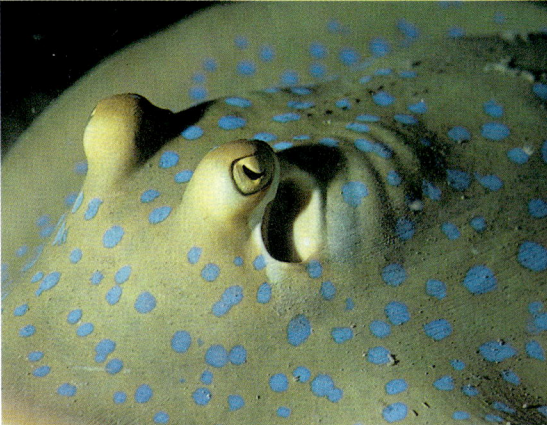

Nahaufnahmen gelingen nur mit viel Geduld

Schnepfenmesserfische am Riff

die zum größten Teil in unmittelbarer Nähe der beiden Inseln verstreut liegen. Die schönsten Tauchplätze werden nachfolgend genauer beschrieben.

Genau gegenüber der Bucht des Perhentian Island Resorts liegt der **Stingray Point**. Dieser wird je nach der momentanen Strömung (sie ist meistens nur recht schwach!) in Nord-Süd-Richtung betaucht. Am Stingray Point halten sich, wie der Name des Tauchplatzes schon vermuten läßt, meistens fünf bis acht größere Stachelrochen auf, die während eines Tauchganges immer wieder zu sehen sind. Das erweckt häufig den Anschein, als schwimmen sie jeweils nur ein kleines Stückchen weiter, um dann zu warten, bis die Taucher wieder vorbeikommen. Ob das jetzt dem Bereich des Taucherlateins zuzuordnen ist, ist schwer nachvollziehbar. Wir haben uns das oft selbst gefragt, nachdem wir die Rochen so häufig antrafen. Dieser Tauchplatz hat neben den großen Rochen jedoch noch weitere Attraktionen anzubieten. Das breite Riffdach beginnt bei durchschnittlich 6 m Tiefe und reicht bis auf 15–18 m hinab, bevor der sandige Meeresboden beginnt. Dort halten sich die Stachelrochen auf. An einer Stelle formt sich das Riff ähnlich dem Rund eines Freilichttheaters. Dort finden sich auffällig viele Schwarmfische ein und bieten den Tauchern einen bunten und abwechslungsreichen Anblick.

Ein weiteres herausragendes Riff ist der **Rock Tiga**, der der Ostseite von Perhentian Besar vorgelagert im Meer liegt. Drei Felsen ragen bis kurz unter die Wasseroberfläche empor, von denen einer bei Ebbe schon von weitem die genaue Lage des Tauchplatzes deutlich anzeigt. Die Formationen dieses Riffes sind derartig beeindruckend, daß sie kaum mit einem Tauchgang umfassend erkundet werden können. Es gibt Steilabfälle, klei-

Der Rock Tiga begeistert mit interessanten Riffstrukturen

Nr. 22 zählt zu den schönsten Tauchplätzen in Malaysia

ne und größere Schluchten und Durchlässe sowie wunderschön bewachsene Tunnel. Die Tiefen liegen bis maximal 24 m, und da das Riff zur Meerseite liegt, treffen auch schon mal größere Fische in Riffnähe ein. Hin und wieder sind die seltenen Kobias, *(Rachycentrum canadum)* zu sehen und deuten mit ihrer Anwesenheit an, daß sich ein Blick ins Freiwasser lohnen kann. Diese haiähnlich aussehenden Fische begleiten gerne die größeren Meerestiere, um von deren Nahrung die abfallenden Reste zu erhaschen. Einige standorttreue große Zackenbarsche bewohnen das Riff und ziehen sich sofort in ihre dunklen Höhlen

zurück, sobald sie die Taucher kommen sehen. Vor dem Riff patrouillieren stets ein paar größere Barrakudas, die den Fischreichtum an diesem Platz zum leichten Beuteerwerb nutzen. Der Rock Tiga begeistert zusätzlich durch seinen üppigen und artenreichen Bewuchs und garantiert durch seine Strukturvielfalt sehr abwechslungsreiche Tauchgänge.

Ähnlich vielseitig zeigt sich der **Point No. 22**. Er liegt nordöstlich von Perhentian Kechil. Die Tauchtiefen betragen hier maximal 30 m. Am Point No. 22 befinden sich große Schnapper- und Makrelenschwärme sowie Barrakudas. Hinsichtlich Großfischen kann dieser Tauchplatz eine lange Liste besonderer Begegnungen aufweisen. Ich selber habe dort schon einen Sailfisch gesehen. Von an-

deren Tauchern wurden mir Walhaibeobachtungen berichtet (während ich kleine Fische im Riff fotografierte...). Das Riff ist größtenteils mit bunt schillernden Weichkorallen, großen Schwämmen und Gorgonien übersät. Teilweise scheint es so dicht mit Weichkorallen bewachsen, daß es einem farbenprächtigen Teppich gleicht. Ein einzigartiger Anblick erwartet den Taucher an der Nordostseite des Riffs. Dort befindet sich ein ausgedehntes Anemonenfeld, in dem sich hunderte kleine Anemonenfische zwischen den Tentakeln ihrer sie beschützenden Wirte tummeln. In der Nähe des Anemonenfeldes halten sich öfter Schnepfenmesserfische auf, die durch ihre ungewöhnliche Schwimmlage auf sich aufmerksam machen. Sie

*Seltener Gast am »Künstlichen Riff«:
der Feilenfisch*

Rechte Seite: Markt von Kota Bahru

schwimmen meist kopfüber, nur auf der Flucht nehmen diese Fische eine normale Schwimmlage ein. Der Tauchplatz Nr. 22 zählt für viele Taucher zu den schönsten Riffen der gesamten Ostküste.

Das Steffen Sea Sport Center hat 1992 ein für tropische Breitengrade etwas ungewöhnliches Projekt realisiert. In Zusammenarbeit mit der malayischen Regierung entstand südwestlich von Perhentian Kechil ein künstliches Riff, um die Entwicklung von Korallen und Ansiedlung tropischer Meeresfische zu beobachten und studieren zu können. Dieses seltsam erscheinende Rohrgerüst reicht bis in Tiefen um die 20 m hinab. Mittlerweile beheimatet es zahlreiche Fische und auch der Korallenbewuchs nimmt ständig zu. Es ist also durchaus interessant zu betauchen, wenngleich die Sicht- und Strömungsverhältnisse an diesem Platz nicht immer optimal sind.

TIP: Wer sich an der Ostküste aufhält, sollte auf jeden Fall einen Abstecher nach Kota Bahru einplanen und dort mindestens zwei Tage verbringen. Die Stadt bietet typisch malayisches Flair und einige unvergleichliche Sehenswürdigkeiten. Dazu gehören der Central Market mit einem phantastisch bunten Ausblick aus dem zweiten Stockwerk des Innengebäudes sowie das Cultural Center, das gleich gegenüber dem Perdana Hotels liegt. Abends lockt ein interessanter »Night Market« mit allerlei eigenartigen und unbekannten Leckereien. Bei den Kostproben ist allerdings etwas Vorsicht angebracht, da die hygienischen Vorkehrungen für empfindliche europäische Mägen nicht an allen Ständen ausreichend sind.

Pulau Redang

Im Redang Archipel befindet sich ein interessantes Tauchgebiet, das aus neun kleinen Inseln besteht und etwa 45 km vor der Küste von Trengganu liegt. Die größte Insel des Archipels ist Pulau Redang, zugleich Ausgangspunkt aller Tauchaktivitäten.

Die Insel Redang ist wild- und urwüchsig. Unmittelbar hinter den Buchten schließt sich ein dichter und gebirgiger Dschungel an. Im Fischerdorf von Redang befindet sich das Department, in dem jede Übernachtung auf der Insel angemeldet werden muß. Die Formalitäten dafür können auch vom Ressort oder der Tauchschule vorgenommen werden. Viele Gäste erledigen den notwendigen »Behördengang« auch gerne selber und verbinden ihn mit einem Besuch der Schildkrötenaufzuchtstation.

Die Aufzuchtstation kann interessante Eindrücke über die Lebensweise der jungen Schildkröten vermitteln und bietet darüber hinaus zugleich gute Möglichkeiten, die Tiere zu fotografieren.

Pulau Redang zieht, wie so oft, wenn »neue Inseln« touristisch entdeckt werden, das Augenmerk der Grundstücksspekulanten auf sich. So ist es nicht weiter verwunderlich, wenn sich im Handumdrehn größere Unternehmer einkaufen und die Inseln mit Bungalowanlagen überziehen. Auf Pulau Redang ist bereits ein großer Golfplatz für eine geplante Hotelanlage vorgesehen.

Um die Unterwasserwelt um Pulau Redang zu schützen, erklärte die Regierung die Gewässer des Archipels bereits 1985 zum Marine Nationalpark.

Auf Redang gibt es nur eine Bungalowanlage, die sich im Osten der Insel be-

Baden, Schnorcheln...

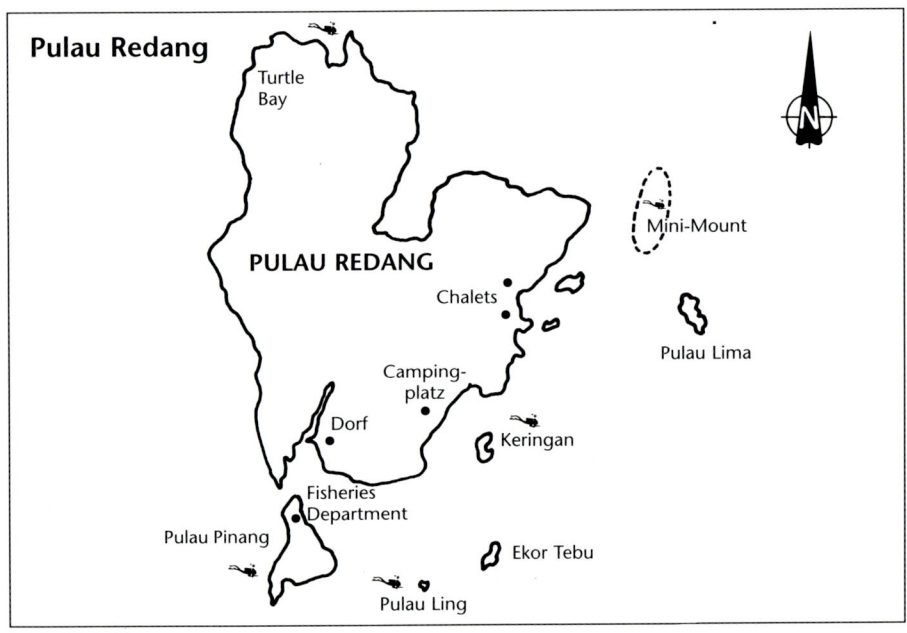

Pulau Redang

Turtle Bay

PULAU REDANG

Mini-Mount

Chalets

Pulau Lima

Camping-platz

Dorf

Keringan

Fisheries Department

Pulau Pinang

Ekor Tebu

Pulau Ling

findet – das Redang Bay Resort. Die Bungalows sind sehr einfach ausgestattet und können nur spartanischen Ansprüchen gerecht werden. Im Süden von Redang besteht noch die Möglichkeit zu zelten. Der Aufenthalt auf dem Campingplatz muß vor der Anreise über ein Office in Kuala Lumpur gebucht und zeitlich festgelegt werden. Dieses Abenteuer ist jedoch nur dem wirklich naturverbundenen Taucher anzuraten. Er befindet sich ohne sanitäre Anlagen sozusagen mitten in der Wildnis.

Die Tauchplätze um Redang zeigen eine große Vielfalt unterschiedlichster Rifformationen. Steilabfälle, Überhänge und Höhlen gestalten das Tauchen abwechslungsreich. Da die Riffe für das Südchinesische Meer teilweise sehr tief abfallen (bis 70 m und tiefer!), besteht an den Tauchplätzen die Möglichkeit, Großfische anzutreffen. Die Korallenriffe bezaubern aber auch durch ihren üppigen

Bewuchs. Während der Hauptsaison liegen die Sichtweiten fast immer bei 20 m oder darüber. Viele Taucher schätzen die große Artenvielfalt an Fischen und Niederen Tieren, die man an den Tauchplätzen um Redang sehen kann. Dabei sei anzumerken, daß die interessantesten und am schönsten bewachsenen Stellen der Riffe immer jeweils an der Ostseite liegen, also an der dem offenen Meer zugewandten Seite. Das gilt nicht nur für die vorgelagerten Tauchplätze, sondern bis auf eine Ausnahme auch für die Riffe an der Insel Redang selbst. Die meisten Riffe sind also vom Ressort aus in wenigen Bootsminuten erreichbar. Lediglich ein Tauchplatz in der Turtle Bay von Redang Island liegt an der Nordseite.

Pulau Ling ist ein kleiner Felsen, der gut erkennbar mit seiner Spitze aus dem Wasser ragt. Der Tauchplatz ist mit harten und weichen Korallen bewachsen. Etwa 30 m entfernt liegen weitere kleine Felsen unter Wasser, die mit vielen Über-

... und Relaxen sind die Hauptbeschäftigungen

Die großen Neptunsbecher gehören zu den Schwämmen

hängen und Durchlässen abwechslungsreich zu betauchen sind. Dort gibt es auch eine Art Höhle, in der die Sonnenstrahlen bezaubernde Lichtreflexionen schaffen. Diese Höhle beeindruckt mit bunten Weichkorallen und gewährt den Jugendstadien vieler Fischarten Schutz vor größeren Freßfeinden. Mit etwas Glück kann der aufmerksame Taucher bei Pulau Ling auch auf Geigenrochen treffen. Diese eigenartigen Kreaturen, halb Hai, halb Rochen, halten sich gerne unter großen Tischkorallen oder Überhängen auf dem Sandboden auf.

Ein weiters ansprechendes Riff liegt vorgelagert der Ostspitze von Redang. Dieser Tauchplatz ist etwas schwerer zu betauchen, da dort Strömumgen auftreten. Die Strömung ist jedoch meistens nicht sehr stark und kann von erfahrenen Tauchern problemlos gemeistert werden.

Da der **Mini Mount**, so die lustige Bezeichnung dieses Tauchplatzes, recht nahe am Ressort liegt, wartet die Tauchschule gerne den Gezeitenstillstand ab, und ermöglicht damit auch ungeübten Tauchern einfache Tauchgänge. Der Tauchplatz kann am Besten entweder einmal umrundet werden, oder man betaucht ihn nach einem einfachen Kompaßkurs hin und zurück. Der Mini Mount ist reich mit großen Gorgonien, Schwämmen und Weichkorallen bedeckt. Hier finden sich neben vielen kleinen Korallenfischen auch schon mal größere Barrakudas ein.

Keringan, ein weiterer Tauchplatz, der an der Südostseite vor Redang liegt, hat eine besondere Attraktion vorzuweisen. Dort finden sich häufig gleich mehrere Stachelrochen ein. Ob sie permanent anwesend sind oder sich nur zufällig dort treffen, kann keiner mit Bestimmt-

heit sagen. Für die Tauchlehrer »wohnen« sie natürlich dort – und tatsächlich trifft man bei fast jedem Tauchgang gleich mehrere Rochen an. Zu den größeren grauen Stachelrochen, die meist gut getarnt im Sand liegen und nur mit den Augen herausschauen, gesellen sich oft einige kleinere Blaupunktrochen. Sie beeindrucken durch ihre farbenprächtige Erscheinung mit den leuchtend blauen Tupfen auf dem Rücken. Wem das Taucherglück hold ist, der kann vor Keringan Adlerrochen mit eleganten Flügelschlägen durchs Wasser schweben sehen. Auch dieser Tauchplatz ist während eines Tauchganges bequem einmal zu umrunden.

Die **Turtle Bay** im Norden der Insel Redang beheimatet, wie der Name schon sagt, eine größere Anzahl von Schildkröten. Die besten Aussichten sie anzutreffen, bestehen in den Monaten März, April und Mai. Im April, während der Paarungszeit, steigen die Chancen noch zusätzlich, und die faszinierenden Meeresreptilien sind bei fast jedem Tauchgang zu sehen. Neben den Schildkröten

Weiße Nacktschnecke (Glossodoris spec.)

gibt es jedoch weitere Besonderheiten von diesem Tauchplatz zu berichten. Nördlich von Redang ziehen anscheinend auch Walhaie vorbei. Schon mehrere Taucher haben eindrucksvoll von den Begegnungen mit dem größten Fisch der Meere berichtet. Sogar Pilotwale lassen sich hin und wieder in diesen Gewässern blicken. Nicht zuletzt lebt dieser Tauchplatz auch von der Standorttreue eines großen Napoleonfisches, der die Taucher schon über mehrere Jahre hinweg mit seiner Anwesenheit erfreut.

Der südlichste Tauchplatz um Redang liegt bei **Pulau Pinang**. Das Riff fällt hier im Nordosten leicht ab und erreicht dann eine Tiefe von etwa 12 m. Die Tauchgänge dort sind also relativ einfach und können auch bei leichter Strömung leicht bewältigt werden. Pulau Pinang besticht durch die große Vielfalt farbenprächtiger Weichkorallen und viele Fischschwärme.

Entdeckertip: Unweit von Pulau Redang liegen zwei weitere Inseln, die einen Ausflug lohnen: **Kapas** und **Tenggol**. Auf Kapas gibt es ein kleines Ressort mit sechs Chalets und drei A-Frame Hütten. Leider ist die Anreise nach Kapas etwas kompliziert, so daß diese schöne Insel kaum bereist wird. Informationen zur Anreise sind im Tourist Office in Marang erhältlich. Die Überfahrt findet dann meistens mit gemieteten Fischerbooten statt. Bis vor kurzem stand auf Kapas sogar eine kleine Tauchstation, die aber wieder geschlossen wurde. Die umliegenden Tauchplätze sollen sehr schön sein und insbesondere während der Saison von Mai bis Oktober gute Sichtweiten unter Wasser garantieren. Auch

Schnorchler können in den Buchten in unmittelbarer Strandnähe viele unberührte Korallenriffe erkunden. Da die Korallen dort meistens im Flachwasserbereich liegen, kann bei Schnorchelexkursionen die bunte Rifflandschaft bequem von der Wasseroberfläche aus beobachtet werden.

Auf Tenggol gibt es keine Übernachtungsmöglichkeiten. Daher wird diese Insel vornehmlich auf Tagestouren vom Festland aus angefahren. Sie ist wie Kapas von Marang oder Dungun aus leicht

Mit dem Kajak in kleine Buchten

zu erreichen. Im Hotel Tanjung Jara bei Dungun fährt eine kleine Tauchstation auf Anfrage Taucher nach Tenggol. Das Tanjung Jara Hotel gehört zum Tanjung Aru Hotel in Kota Kinnabalu und versteht es, seine Gäste mit einer gelungenen Mischung aus typisch malaiischem Baustil und der Anpassung an europäische Komfortvorstellungen zu verzaubern. Wer die Ostküste bereist, sollte ein paar Nächte in diesem Hotel einplanen – es lohnt sich!

Das Hotel kann neben dem asiatischen Flair und der Möglichkeit Tauchausfahrten zu arrangieren noch eine weitere Besonderheit anbieten: Am Strand von Marang kommen in den Sommermonaten die großen Lederschildkröten zur Eiablage an den Strand (siehe Seite 144 ff.). Dieser Strand liegt nur drei Kilometer vom Tanjung Jara Hotel entfernt und kann leicht zu Fuß vom Hotel aus erreicht werden, wenn man direkt am Meer entlang geht.

Pulau Tioman

Von Tioman geht ein ganz besonderer Flair aus. Laut Werbung des malaiischen Touristikverbandes gehört sie zu den 10 schönsten Inseln der Welt. An jedem Steg auf Tioman weisen große Schilder darauf hin, so daß jeder Besucher noch einmal deutlich sichtbar daran erinnert wird. Ob jetzt Tioman tatsächlich zur Aufnahme in die »Insel-Top-Ten« berechtigt ist, davon muß sich jeder Besucher selbst ein Bild machen.

Die geschützten Buchten der Insel wurden schon vor etwa 2000 Jahren von Seeleuten als gute und sichere Möglichkeit zum Ankern geschätzt. Außerdem

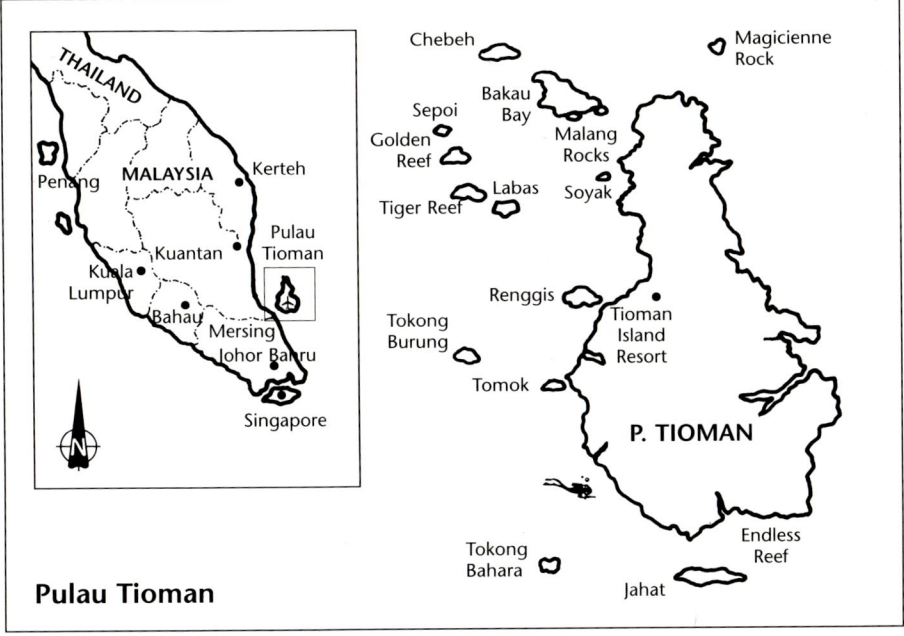

Chebeh · Magicienne Rock · Bakau Bay · Sepoi · Golden Reef · Malang Rocks · Labas · Soyak · Tiger Reef · Renggis · Tioman Island Resort · Tokong Burung · Tomok · **P. TIOMAN** · Endless Reef · Tokong Bahara · Jahat

THAILAND · MALAYSIA · Penang · Kerteh · Kuantan · Pulau Tioman · Kuala Lumpur · Bahau · Mersing · Johor Bahru · Singapore · N

Pulau Tioman

Das Tioman Island Resort: Monumental-bauten und Transfer im Elektrowagen

verfügt Tioman über viel Süßwasser, so daß der Aufenthalt gleich zum Auffüllen der Wassertanks genutzt wurde. Einer Sage nach ruht auf Tioman ein alter chinesischer Drache, der auf dem langen Weg zu seiner geliebten chinesischen Prinzessin bis zum malayischen Festland eine Pause einlegte. Er setzte sich im Südchinesischen Meer nieder und schlief ein. Diese Sage leitet sich aus der Silhouette der Insel ab. Mit etwas Phantasie sieht der höchste Berg Tiomans, der Kunung Kajang, tatsächlich wie die Ohren eines Drachen aus. Der 1050 m hohe Berg wird oft von Wolken verhüllt und sorgt schon während der Anfahrt auf Tioman für eine geheimnisumwitterte Atmosphäre.

Das Hollywood Musical »South Pacific«, das eigentlich in der Südsee spielt, ent-

Individuelle Ausbildung am Salang Beach

hält viele Szenen, die in den 60er Jahren auf Tioman gedreht wurden. Anlaß genug also, die Insel entsprechend zu vermarkten. Die ersten Besucher fanden einsame Buchten, schönste und unberührte Strände sowie beste Badebedingungen vor. Auf Tioman lebten früher wenige Fischer, die auf dem 39 km langen und 18 km breiten Eiland nur selten anzutreffen waren. Die Nachricht vom ungestörten Robinsonleben auf Tioman muß sich wie ein Lauffeuer herumgesprochen haben, denn in nur wenigen Jahren avancierte die Insel zum internationalen Traveller Treffpunkt. Tioman war »in«, und die Nähe zu Singapur trug entscheidend zum Besuch durch zahlreiche Südostasienreisende bei. Dementsprechend schossen in den Buchten die Bungalowanlagen wie Pilze aus dem Boden. Am Südende der Bucht von Kampong Tekek entstand eine große Luxusanlage, die 1991 ihren 9-Loch-Golfplatz auf den internationalen 18-Loch-Stan-

dard erweiterte. Ein störendes Bergmassiv wurde kurzerhand weggesprengt. Das Tioman Island Resort versteht vornehmlich die Klientel der Luxusreisenden zu begeistern. Es verfügt über eine große Anzahl von Standardräumen in traditionell gebauten malaysischen Häusern bis hin zu einer Villa, die über einen eigenen Lift verfügt, am Berghang steht und die Bucht majestätisch überragt. Dieses herrschaftliche Vergnügen ist immerhin schon für »5000,— MS$ only« pro Nacht zu haben. Das Tioman-Island-Resort, das über insgesamt 380 Zimmer unterschiedlicher Kategorien verfügt, betreibt eines der besten Wassersportzentren der Insel und bietet tägliche Tauchausfahrten zu den umliegenden Riffen an. Das Ressort wird von vielen Gästen aus Singapur zu einem verlängerten Wochenendausflug genutzt. Dann sind auch schon mal Tauchgruppen anzutreffen. Ansonsten scheint der Tauchsport im Ressort von zweit- oder gar drittrangiger Bedeutung.

Die beste Bade- und Schnorchelbucht auf Tioman liegt im Norden beim Kampong Salang. Insbesondere der südliche – also der vom Steg aus rechte – Teil der Bucht eignet sich bestens für eine erfrischende Abkühlung im seichten Wasser. Dieser Strandabschnitt ist auch weniger von Sandflöhen befallen als die nördliche Hälfte. Tips für Unterkünfte können leider nicht mehr gegeben werden, da diese Bucht bedauerlicherweise völlig unkontrolliert mit kleinen (und größeren, teilweise sogar schon zweistöckigen!) Chalets zugebaut worden ist. Großflächige Kahlschläge kündigen weitere Bauaktivitäten an, die sich bis in die Palmenhaine der Berge fortsetzen werden. Im Kampong Salang befindet sich

die zweite erwähnenswerte Tauchschule Tiomans. Sie operiert der Saison entsprechend von Mitte Februar bis Oktober ebenfalls täglich und bildet, wie die Tauchschule im Tioman Island Resort, nach PADI alle Stufen bis zum Assistant Instructor aus. Ein Vergleich der beiden Tauchschulen fällt schwer. Wer einen Hang zum Luxus hat, der ist sicherlich mit dem Tioman Island Resort besser beraten und wird sich dort aufgrund eines rundum guten Service und geregelten Ablaufes auch wohler fühlen. Das Tioman Island Resort kann darüber hinaus bereits von vielen europäischen Reiseveranstaltern und für Kurzentschlossene von Singapore aus vorgebucht werden. Diejenigen, die es generell etwas rustikaler bevorzugen und zusätzlich ihren Geldbeutel schonen möchten, steuern in eigener Regie vorzugsweise das Kampong Salang an. Dort lebt die Tauchschule vornehmlich von der Traveller Szene und es können sich durchaus schon mal 10–12 Teilnehmer für einen Beginnerkurs einfinden.

Tauchplätze

Die Tauchplätze liegen rund um die Insel Tioman und um die vorgelagerten Inseln verstreut. Da das Südchinesische Meer insgesamt nicht sehr tief ist, bewegen sich die durchschnittlichen Tauchtiefen zwischen 10 und maximal 28 m. Die Riffe zeichnen sich durch ihren vielfältigen Bewuchs aus, ermöglichen aber nur wenig Beobachtungsmöglichkeiten für Großfische. Diese lassen sich nur sel-

Anemonenfische in der Salang Bucht

ten um Tioman sehen. Nur mit viel Glück kann schon mal ein Walhai den Weg des Tauchers kreuzen. Die besten Chancen dafür bestehen an der Insel Cebeh gegen Anfang der Saison im Februar/März. Vor der Insel Tulai, eine Region, die zum Standardprogramm der Tauchschule von Salang gehört, hatte ich meine bis jetzt einzige Begegnung mit einem Tigerhai! Das beste und abwechslungsreichste Riff ist der Tiger Rock, der von der Tauchschule des Tioman-Island-Resort zwar zuverlässig gefunden wird, aber aufgrund der ständig schwankenden Sichtverhältnisse mit dem auf etwa 7 m beginnenden Riffdach nur schwer zu finden ist. An diesem Tauchplatz können auch Tiefen unterhalb der 30-m-Marke notiert werden.

Skorpionfische können mit Kunstlicht »enttarnt« werden

Renggis Island

Diese kleine Insel liegt direkt gegenüber des Tioman Island Resorts und ist in dreiminütiger Bootsfahrt erreichbar. Die Tauchtiefen bewegen sich zwischen 5 und 15 m. Ideal für einfache Tauchgänge zum Eingewöhnen und für Nachttauchgänge, da es dort nur selten Strömung hat. Der Platz wird tagsüber auch von gut trainierten Schnorchlern angeschwommen, die auf halben Wege eine Pause auf einer extra verankerten Plattform einlegen können. Um Renggis Island sind stets ein paar Blaupunktrochen anzutreffen, und hin und wieder können sogar Schwarzspitzenriffhaie gesehen werden.

Pulau Cebeh (Cebeh Island)

Cebeh, eine kleine Insel vulkanischen Ursprungs, fällt ringsherum steil ab. Es gibt an diesem Tauchplatz viele Durchlässe

und Passagen, die interessant zu durchtauchen sind. An der Nordostseite liegen zwei vorgelagerte Felsen unter Wasser, zu denen man jedoch eine Strecke durch das Freiwasser tauchen muß. Die schön bewachsenen Felsen sind nur schwer zu finden, zumal aufgrund der meist unzureichenden Sichtverhältnisse das Risiko besteht, die Orientierung unter Wasser zu verlieren. Am Riff selber ist der Bewuchs mit Fächern und Weichkorallen stellenweise sehr eindrucksvoll und es lohnt sich hin und wieder der Blick ins offene Meer, um nach vorbeischwimmenden Schildkröten Ausschau zu halten. Napoleonfische, Drükkerfische und auch große Barrakudaschulen bilden einen eindrucksvollen Rahmen des Fischbestandes an diesem Tauchplatz. Die durchschnittlichen Tauchtiefen bei Pulau Cebeh liegen zwischen 16 und 26 m.

Malang Rocks
In flachem Wasser liegen sehenswerte Korallengärten, die fleckenartig angeordnet immer wieder von sandigen Flächen unterbrochen werden. Obgleich dieser Platz mit Tauchtiefen zwischen 5 und 15 m nicht sehr tief ist, besitzt er doch seine Reize. Mit etwas Glück trifft man auf Leopardenhaie, die auf dem Sandboden liegen. Oft sind Sepien und Kalmare im Freiwasser anzutreffen.

Labas Island
Labas liegt direkt vor der Bucht des Kampong Salang und wird von der dortigen Tauchschule gerne als zweiter Tauchgang einer Tagesausfahrt oder zum Nachttauchen angefahren. Spektakuläre Begegnungen zählen an diesem Platz eher zu den seltenen Ereignissen

Anfahrt auf Labas

oder gehören schlichtweg dem Taucherlatein an. Das Besondere dieses Tauchplatzes liegt mehr im Makrobereich. Eine Netzmuräne, die dort ihren festen Wohnsitz hat, und schöne Nacktschnekken gehören zu den Höhepunkten, die an diesem Riff erwähnenswert sind.

Golden Reef
Das Golden Reef liegt etwa 25 Bootsminuten vom Tioman Island Resort entfernt und weist Tauchtiefen bis 20 m auf. Es ist mit Weichkorallen und Gorgonien bewachsen, stellenweise allerdings felsig kahl. Mit etwas Geduld können an diesem Riff gute Portraitfotos von Fischen gelingen.

Tiger Reef
Dieses Riff stellt nach Meinung vieler Taucher den schönsten Tauchplatz um Tioman dar. Das Riffdach beginnt bei et

Dornenkronen fressen sich ins Riff

Tauchvergnügen am Tiger Rock

wa 7 m Tiefe und fällt in abwechslungsreichen Formationen bis unter die 30-
Metermarke ab. Tiger Rock ist sehr üppig mit Weich- und Hartkorallen bewachsen und verfügt über den wohl
größten und artenreichsten Fischbestand des gesamten Tauchreviers vor
Tioman. Bei guten Sichtverhältnissen
und wenig Strömung können an diesem
Platz erlebnisreiche Tauchabstiege unternommen werden. Wer vor Tioman
taucht, sollte diesen Tauchplatz auf keinen Fall auslassen!

Magicienne Rock
Dieser Tauchplatz zählt mit oder nach
dem Tiger Rock zu den weiteren »Highlights«. Er ist recht groß und kann mit
einem Tauchgang allein gar nicht ganz
erfaßt werden. Es lohnen sich also
durchaus mehrere Tauchgänge am gleichen Ort! Das Riffdach beginnt an der
flachsten Stelle in 3 m Tiefe, und es
drängt sich der Eindruck auf, als bestün-
de das gesamte Riff nur aus einer riesigen Riffplattform, obwohl es gelegentlich bis auf ca. 23 m Tiefe abfällt. Es zeigt
sich trotzdem derartig abwechslungsreich, daß der Tauchgang zu keinem
Zeitpunkt langweilig werden könnte.

Bahara Rock
Der Bahara Rock zählt zu den beliebtesten Tauchplätzen, die vom Tioman Island Resort in etwa 30 min Fahrtzeit an-
gelaufen werden. Die Tauchtiefen liegen
durchschnittlich zwischen 10 und 22 m.
Am Bahara Rock können die Taucher die
ganze Palette tropischer Meeresfische
antreffen. Viele Falterfische besiedeln
das abwechslungsreich bewachsene Riff.
Es können auch unterschiedliche Kaiser-
fischarten beobachtet werden, die es in

dem Umfang an den anderen Riffen nicht zu verzeichnen gibt. So sind auf kleinstem Raum Ringelkaiserfische, Imperator- und Blaukopfkaiserfische zu sehen.

Die Inseln südlich von Tioman

Pulau Sibu und umliegende Inseln

Der Marine National Park vor der Küste des südlichsten Bundesstaates Johor umschließt 64 kleinere Inseln. Die größte davon ist Tioman (siehe Seite 138 ff.). Zu den kleineren Inseln, die ebenfalls von Mersing aus erreichbar sind, gehören Rawa, Babi Hujung, Babi Tengah, Babi Besar sowie Tinggi, Mentinggi und Sibu Island. Die genannten Inseln zählen zu einem neuerschlossenen Tauchgebiet, das noch weitgehend unberührte Korallenlandschaften anzubieten hat.

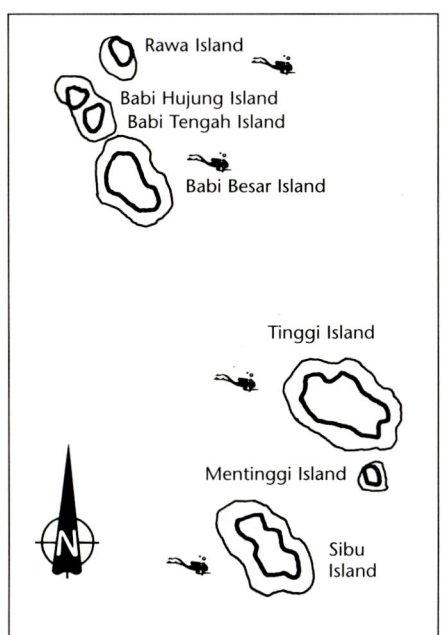

Freizeitspaß auf Pulau Sibu mit Aussicht auf Tinggi

Auch für Schnorchler hält die Unterwasserlandschaft im Flachwasserbereich gute Erkundungsmöglichkeiten bereit. Die Inseln, die bis vor kurzem nur wenigen Travellern bekannt waren, haben sich schnell gemausert. Wunderschöne, palmengesäumte Strände und eine abgeschiedene Idylle trugen dazu bei, daß kleine Bungalowanlagen entstanden. Sie erfreuen sich zunehmender Beliebtheit, da immer mehr Besucher vom überlaufenen Tioman abwandern. Zudem dauert die Anfahrt zu den kleineren und landschaftlich schöneren Inseln nur eine Bootsstunde, während man sich bis nach Tioman schon 4–5 Stunden gedulden muß.

Der beste Zeitraum für einen Besuch der Inselgruppe liegt zwischen Mai und Oktober. Dann sind die Sichtverhältnisse unter Wasser am Besten und erreichen Weiten bis zu 15 m, bei optimalen Bedingungen manchmal sogar bis 20 m. Bei unruhiger See kann die Sicht sehr schnell eintrüben, da das Meer, wie das Südchinesische Meer insgesamt, recht

... und im astiatischen Stil eingerichteten Zimmern

Das Sea Gypsy Village mit Tauchschule....

Typische Unterwasserlandschaft um Pulau Sibu

flach ist. Doch auch bei eingeschränkten Sichtweiten behalten die Tauchplätze ihren besonderen Reiz, wenn der Taucher nicht gerade speziell auf Großfischbeobachtungen aus ist. Wer sein Augenmerk aufs Detail richtet, kann an den Tauchgründen um diese Inselgruppe viele interessante Beobachtungen machen. So sollten auch die Unterwasserfotografen ihre Makroobjektive bei jedem Tauchgang stets parat halten. Außerdem beeindrucken die Unterwasserlandschaften durch ihren vielfältigen Bewuchs.

Mit Ausnahme von Hujung und Mentinggi verfügen alle Inseln über Unterkünfte. Der Komfort ist jedoch noch recht bescheiden, und so muß man meist einfach ausgestattete Bungalows beziehen. Die kleinen Hütten haben aber fast alle eine Terrasse, die zum Meer zeigt und einen schönen Ausblick aufs Meer bietet. Für den modernen Robinson also genau das Richtige.

Auf Sibu gibt es mittlerweile schon ansprechende Anlagen, die auch dem einfachen Komfortanspruch europäischer Touristen gerecht werden können. Einer der Anlagen, dem Sea Gypsy Village Resort, ist sogar eine eigene Tauchstation angeschlossen, für die deutschsprachige Tauchlehrer arbeiten.

Wer auf Rawa übernachten möchte, sollte seinen Aufenthalt rechtzeitig vorher reservieren (siehe Seite 186). Die Insel befindet sich im Privatbesitz des Sultans von Johor, der dort ein kleines aber feines Resort betreibt. Da dieses Resort sich auch bei den Malaysiern einer großen Beliebtheit erfreut, sind die Bungalows insbesondere an den Wochenenden schnell ausgebucht.

Auf Pulau Tengah gibt es ebenfalls eine gute, erwähnenswerte Anlage, das Pirate Bay Resort. Der Name des Resorts leitet sich aus der Zeit ab, als dort Piraten ihre Spuren hinterließen, die in den versteckten Buchten Zuflucht vor ihren Verfolgern suchten.

Auf Pulau Besar bietet das Hillside Chalet Island Resort ansprechende Zimmer, die allerdings recht teuer sind. Die Insel nannte sich früher Babi Besar, was übersetzt soviel wie »großes Schwein« bedeutet. Mit etwas Vorstellungskraft kann man bei der Anfahrt auf Pulau Besar tatsächlich in der Form der Insel ein im Wasser liegendes Schwein erkennen.

Pulau Tinggi ist schon von weitem durch seinen etwa 600 m hohen Berg (Tinggi bedeutet auf Malaysisch hoch) deutlich von den umliegenden Inseln zu unterscheiden. Der Berg kann in einem dreistündigen Fußmarsch bestiegen werden und bietet einen phantastischen Ausblick auf die Inselwelt des Archipels. Um sich im Urwald nicht zu verlaufen, empfiehlt es sich, einen ortskundigen Führer mitzunehmen.

Tunku Abdul Rahman Nationalpark

Vor der Küste von Kota Kinnabalu liegt der etwa 50 km² große Tunku Abdul Rahman Nationalpark. Er besteht seit

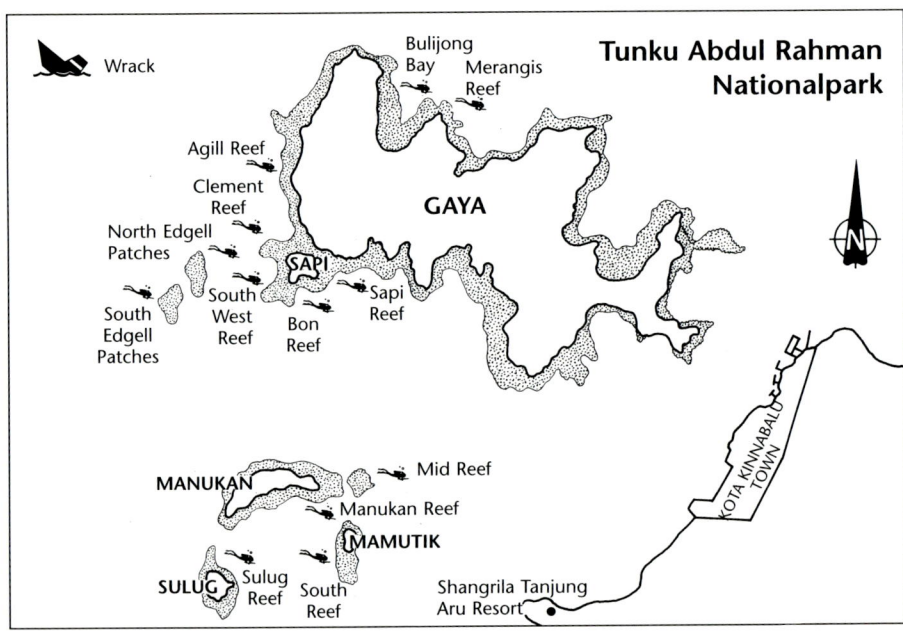

1977 und umfaßt die Inseln Gaya, Sapi, Manukan, Mamutik und Sulug. Lediglich die größte Insel, Pulau Gaya, ist besiedelt. Dort befindet sich auch das Park Headquarter. Auf Manukan stehen einige Holzchalets, und auf Mamutik befindet sich ein kleines Guesthouse. Die kleine Inselgruppe dient im wesentlichen als Wochenendausflugsziel für die Stadtbewohner von Kota Kinnabalu und lädt mit den vielen weißen strandgesäumten Buchten und flachen Korallenriffen zum Erholen und Schnorcheln ein. Gaya ist von dichtem Regenwald überzogen, durch den etwa 20 km beschilderte Dschungelpfade führen. Die Insel bietet dem aufmerksamen Wanderer die Möglichkeit vieler interessanter Tierbegegnungen, wie beispielsweise mit Nashornvögeln, Wildschweinen, Makaken und Waranen. Die meisten Schlangen, vorausgesetzt sie lassen sich überhaupt blicken, sind ungiftig. Der Tunku Abdul Rahman Nationalpark (TARP) scheint also besonders für Naturliebhaber und -beobachter geeignet und bietet eine Fülle guter Fotomotive aus dem Bereich der tropischen Flora und Fauna.

Von Kota Kinnabalu aus starten die Borneo Divers ihre Tauchaktivitäten in den TARP. Die Ausfahrten finden wetterabhängig das ganze Jahr über statt und beginnen jeden Morgen am Tanjung Aru Hotel. Es werden täglich zwei Tauchgänge am Morgen, einer nachmittags sowie ein Nachttauchgang angeboten.

Die Tauchplätze liegen im Norden von Pulau Gaya – Bulijong Bay und Merangis-Reef –, im Westen von Gaya und um Sapi – Agill-Reef, Clement-Reef, Sapi-Reef, Ron-Reef, South-West-Reef, North Edgell Patches, und South Edgell Patches, um Manukan – das Mid-Reef und

An vielen Stellen in Malaysia können Schnorchler interessante Beobachtungen machen

das Manukan-Reef – und um Sulug das gleichnamige Sulug-Reef.

Die Tauchplätze sind eindeutig weniger spektakulär als die von Sipadan oder den Perhentian Inseln. Wenngleich nicht uninteressant, so schränken doch die meist trüben Sichtverhältnisse unter Wasser das Tauchvergnügen ein und lassen keine rechte Tauchstimmung aufkommen. Auch die Rifformationen zeigen sich bei weitem nicht so eindrucksvoll. Die Tauchtiefen liegen durchschnittlich bei

Naturbeobachtung steht im Nationalpark im Vordergrund

maximal 15 m. Die meisten der besseren Tauchplätze sind jedoch flacher.

Die besten Riffe befinden sich im Süden des TARP um Mamutik und Sulug. Sie haben zusätzlich den Vorteil, daß sie nicht weit von Kota Kinnabalu entfernt liegen. Abgesehen von dem intakten Fischbestand kleinerer tropischer Arten (Ausnahme Manukan, weil dort viel Dynamitfischerei betrieben wird!) eignen sich die anderen Tauchplätze besser zum Schnorcheln.

So bleibt der TARP insgesamt betrachtet mehr ein Ausflugsgebiet, in dem es sich lohnt, den Dschungel mit seiner artenreichen Pflanzen- und Tierwelt zu erkunden. Die meisten Besucher ziehen jedoch ein entspannendes Sonnenbad am Strand vor und unternehmen Schnorchelexkursionen zu den naheliegenden

Typische Rifflandschaft im Nationalpark

flachen Korallenriffen vor den Buchten. Wer also bei seinem Malaysiaurlaub noch ein paar Tage zur Verfügung hat und in Kota Kinnabalu schon alles gesehen und erlebt hat, der kann bei einem Abstecher im TARP hervorragend ausspannen und die Seele dort einfach unbekümmert baumeln lassen.

Labuan Island

Labuan liegt im Südchinesischen Meer und etwa 115 km südlich von Kota Kinnabalu, der Küste Sabahs 8 km vorgelagert. Südlich von Labuan erstreckt sich die Brunei Bay. Die wechselvolle Geschichte Labuans begann bereits mit den Aufzeichnungen chinesischer Dschunkenfahrer, die mit dem Sultanat Brunei Handelsbeziehungen unterhiel-

ten. Im 19. Jahrhundert diente Labuan den Kolonialmächten als Handelsniederlassung sowie als strategischer Stützpunkt, um die Piraten vor der Westküste Borneos zu bekämpfen. Auch im Zweiten Weltkrieg war die Insel ein heftig umkämpfter, strategisch wichtiger Punkt der Alliierten und der Japaner.

Heute gehört Labuan als Federal Territory zum Staat Malaysia und erfreut die anreisenden Taucher mit einer intakten Unterwasserwelt. Die Tauchgründe um Labuan liegen durchschnittlich zwischen 10 und 35 m tief. Besonders interessant sind die Wracks aus dem zweiten Weltkrieg. Wrackfans kommen um Labuan voll auf ihre Kosten. Auch ungeübte Taucher können einfache Wracktauchgänge zu den Schiffen machen, die in flacherem Wasser zwischen 8 und 12 m Tiefe liegen. Für erfahrene Taucher besteht

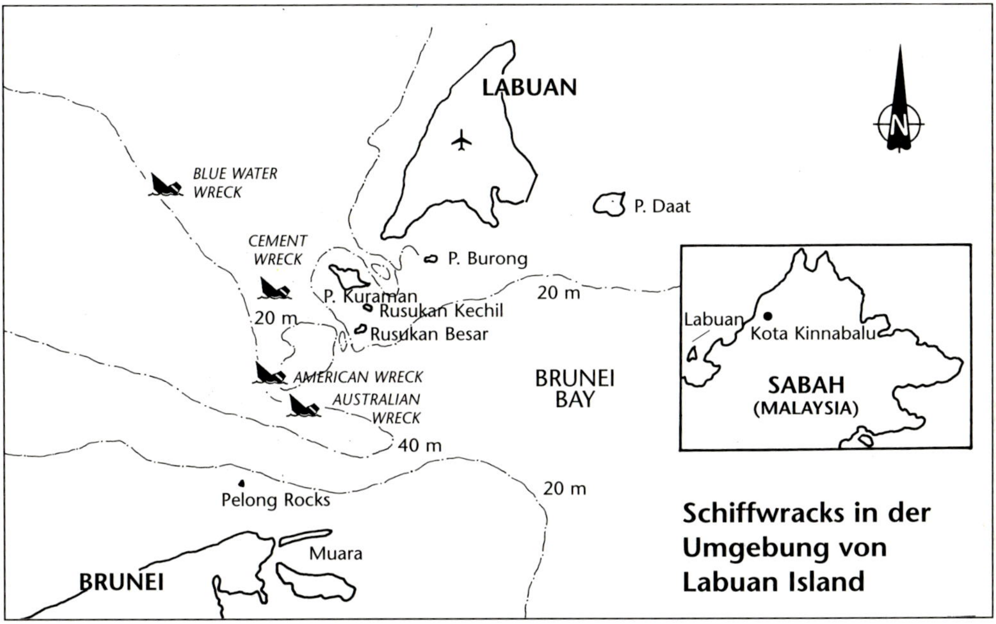

LABUAN

BLUE WATER
WRECK

CEMENT
WRECK

P. Daat

P. Burong

20 m

P. Kuraman
Rusukan Kechil
Rusukan Besar

AMERICAN WRECK
AUSTRALIAN
WRECK

40 m

Pelong Rocks

20 m

BRUNEI

Muara

BRUNEI
BAY

Labuan
Kota Kinnabalu

SABAH
(MALAYSIA)

20 m

N

Schiffwracks in der Umgebung von Labuan Island

Ausgangspunkt der meisten Tauchaktivitäten: Der Anleger von Kota Kinnabalu

die Möglichkeit, bei tiefer liegenden Wracks das Innenleben zu erforschen. Die tiefsten Stellen liegen bei 35 m. Die Sichtweiten schwanken jahreszeitlich bedingt zwischen 6 und 20 m.

Bis jetzt wurden in der Nähe von Labuan drei Wracks entdeckt, die betaucht werden können. Man hofft jedoch in Zukunft noch mehr versunkene Schiffe zu finden. Darüber hinaus sollen in der Umgebung noch Flugzeugwracks auf dem Meeresgrund liegen, nach denen schon eifrig gesucht wird. Wie bei vielen neu erschlossenen Tauchgebieten Malaysias warten also auch um Labuan ständig neue Überraschungen auf die Taucher.

Auf der Suche nach neuen Wracks entsteht an Bord der Tauchschiffe oftmals eine Art Goldgräberatmosphäre. Jeder

Sonnenuntergang über dem Südchinesischen Meer

Taucher erträumt sich, seinen eigenen Schatz zu finden. An den drei bereits bekannten Wracks gibt es allerdings nichts Wertvolles mehr zu bergen. Dafür bestehen dort aber die besten Voraussetzungen, um Spezialtauchkurse für Wracktauchen zu absolvieren.

Das American Wreck

Das American Wreck befindet sich etwa 24 km von Labuan entfernt und liegt südwestlich der kleinen Insel Rusukan Besar bei den Barat Banks auf dem Meeresgrund. Kürzlich entdeckte man den ursprünglichen Namen dieses Schiffes, der USS Salute lautete. Dem Anschein nach handelte es sich vermutlich um ein Versorgungsschiff der amerikanischen Marine, das in den letzten Kriegsjahren des Zweiten Weltkrieges von den Japanern torpediert wurde. Dabei zerbarst es in zwei Teile, die sich jetzt in 18 bis 33 m Tiefe befinden. Laut Aussagen der Borneo Divers und nachweislichen Funden haben etwa 100 Soldaten bei dem An-

Weichkorallenbewuchs sorgt für farbenprächtige Abwechslung

griff den Tod gefunden. Die Untersuchungen an diesem Schiff sind noch nicht abgeschlossen und es wird weiterhin versucht, neue Erkenntnisse zu ermitteln. Für Taucher stellt dieses Schiff einen idealen Tauchplatz dar. Das Wrack ist bereits gut bewachsen und ein Tummelplatz vieler Fische. Der Anblick des Wracks kann auch Anfänger begeistern. Fortgeschrittene und Profis haben die Möglichkeit die Innenräume zu erkunden.

Das Australian Wreck

Das Australian Wreck liegt etwa 1,5 km neben dem American Wreck und erhielt seinen Namen vermutlich aus der Tatsache heraus, daß es im Zweiten Weltkrieg durch australische Flugzeuge versenkt wurde. Zuvor, im Jahr 1942, besetzten die Japaner das Schiff in Singapore und setzten es als Frachter im Südchinesischen Meer ein, um ihre Beute ins Heimatland zu schaffen. Nach der australischen Invasion auf Borneo versenkten diese es während des Rückzuges von ihrem Stützpunkt auf Tarakan Island. Der Frachter hat eine Länge

Tauche nie allein! Besonders wichtige Regel für Wracktauchgänge

von etwa 110 m und liegt jetzt in 33 m Tiefe auf sandigem Untergrund. Durch die schräge Lage ragen die Aufbauten lediglich bis auf 21 m Tiefe empor. Teile der Brücke wurden durch den Angriff abgerissen. Das Schiff ist mit vielen Weichkorallen bewachsen und beherbergt einen großen Fischbestand. Besonders auffällig sind die vielen großen Rotfeuerfische, die das Wrack zu ihrer neuen Heimat auserkoren haben. Auch am Australian Wreck wird immer noch geforscht, um mehr über die jüngere Geschichte der Region zu erfahren.

Das Cement Wreck

Das Cement Wreck liegt westlich der Insel Kuraman und etwa 21 km von Labuan entfernt. Es handelt sich um einen modernen Frachter, der erst 1980 gesunken ist. Seine Länge beträgt ungefähr 105 m. Als seinen ursprünglichen Namen konnte man »Tung Hwa« er-

mitteln. Das Schiff transportierte Baumaterialien – vornehmlich Zement – für den Sultanspalast in Brunei. Angeblich enthielt die letzte Ladung qualitativ minderwertigen Zement und wurde vom Bauherrn in Brunei zurückgewiesen. Am Ankerplatz in der Nähe von Kuraman verschwand das Schiff aus bis heute ungeklärten Gründen, bis es dann von Tauchern auf dem Meeresboden wiederentdeckt wurde ...

Das Schiff liegt, wie man es sich von einem Wrack besser nicht vorstellen kann, aufrecht und unversehrt am Grund. Sogar der Anker und die Kette sind noch ausgebracht und lassen das letzte Ankermanöver eindrucksvoll nachvollziehen.

Federseesterne klammern sich gerne an Peitschenkorallen fest

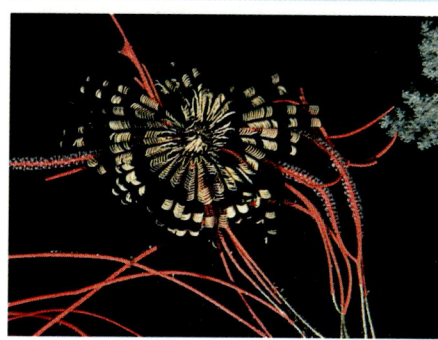

Das Layang-Layang-Atoll

Die Masten beginnen in 8 m Wassertiefe, die Aufbauten und die Brücke liegen in etwa 14 m Die Schraube befindet sich auf 30 m. Mittlerweile zeigt das Wrack einen wunderschönen Bewuchs mit Hart- und Weichkorallen und ist reich mit unzähligen Fischarten bevölkert. Neben den kleinen Riffischen, die sich zwischen den Korallen aufhalten, können Barrakudas und große Zackenbarsche beobachtet werden. Hin und wieder finden sich auch Schildkröten am Cement Wreck ein. Dieses Schiff zählt sicherlich zu den eindrucksvollsten Wracks um Labuan und bietet jedem Unterwasserfotografen reichlich Motive. Erfahrene Taucher können zusätzlich die Laderäume betauchen oder sich den Maschinenraum und die Unterkünfte im Inneren des Schiffes anschauen.

Auf der etwa 100 km² großen Insel Labuan befindet sich neben einem australischem Soldatenfriedhof noch das sehenswerte Commonwealth War Memo-rial, das die Geschehnisse des Zweiten Weltkrieges wiedergibt. Weiterhin können ein traditioneller Fischmarkt sowie ein Filipino Market besucht werden. Die besten Übernachtungsmöglichkeiten gibt es in Victoria, der einzigen Stadt auf Labuan. Hier unterhält auch die Tauchschule der Borneo Divers ihr Office.

Layang Layang

Diese Tauchdestination wurde erst vor kurzem entdeckt und gilt noch immer als absoluter Geheimtip unter Tauchern und Malaysiakennern. Das Layang-Layang-Atoll ist unbewohnt und liegt etwa 170 Seemeilen nordwestlich von Kota Kinnabalu im Südchinesischen Meer. Layang Layang ist ein Ringatoll, auf dessen kargen und sandigen Inseln sich lediglich ein paar Möwen niedergelassen haben. Die Ausmaße des Atolls von etwa sieben mal fünf Kilometern lassen schon

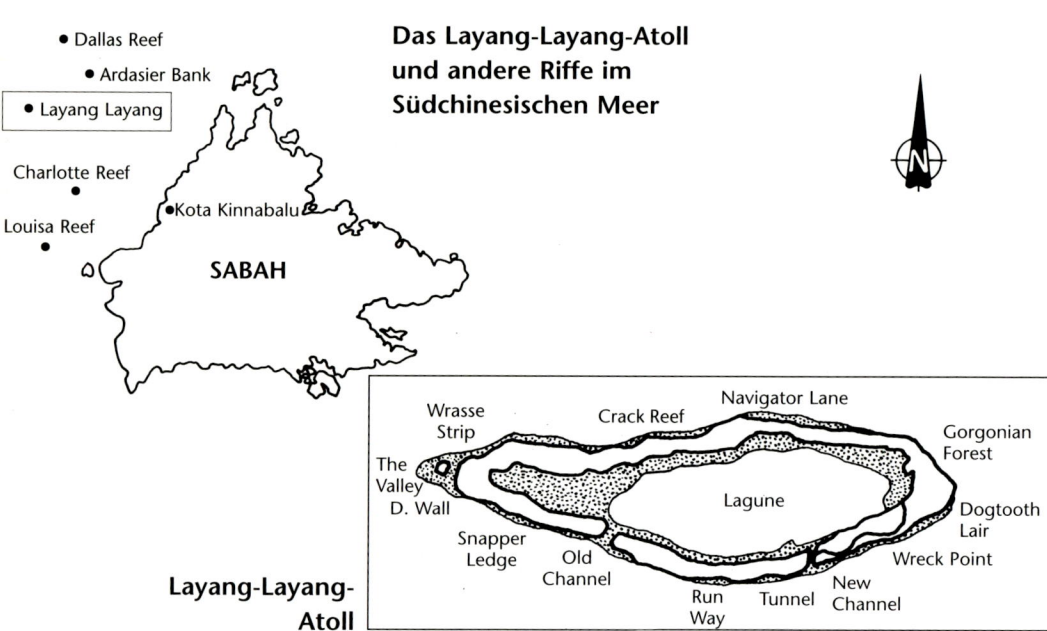

- Dallas Reef
- Ardasier Bank
- Layang Layang

Charlotte Reef

Louisa Reef

•Kota Kinnabalu

SABAH

Das Layang-Layang-Atoll und andere Riffe im Südchinesischen Meer

Wrasse Strip

Crack Reef

Navigator Lane

Gorgonian Forest

The Valley
D. Wall

Lagune

Dogtooth Lair

Snapper Ledge

Old Channel

Wreck Point

Run Way

Tunnel

New Channel

Layang-Layang-Atoll

erahnen, wie groß die Anzahl der möglichen Tauchplätze sein könnte. Und in der Tat kann man eigentlich rund um das Atoll an jeder beliebigen Stelle ins Wasser springen: überall findet man völlig unberührte und wunderschöne Korallenlandschaften vor. Im Atoll umschließt der Riffring eine große Lagune, deren seichtes Wasser meistens spiegelglatt ist und somit zu zusätzlichen Schnorchelerkundungen einlädt. Am Außenring fallen die Riffe überwiegend mit gigantischen drop offs (Steilwänden) auf 1 500 bis 2 000 m ab. Die Steilwände bieten eigentlich alles, was ein Taucherherz höher schlagen läßt – angefangen vom Bewuchs mit schillernden Weichkorallen, großen Gorgonien und Schwämmen bis hin zum artenreichen Fischbestand. Es können große Barrakudaschulen, Thunfische und Schnapper-

schwärme beobachtet werden. Da dieses Gebiet so gut wie unberührt ist und sich als selten angefahrenes Taucherneuland präsentiert, führen die zahlreichen Schildkröten hier ein ungestörtes Dasein. Sie begleiten fast jeden Tauchgang und verhalten sich den Tauchern gegenüber meist recht zutraulich. Darüber hinaus wimmelt es überall zwischen den Korallen von unzähligen verschiedenartigen tropischen Meeresfischen. An vielen Stellen gibt es sehenswerte Überhänge, in denen kleinere Fische Schutz suchen und man bei genauerer Betrachtung auf seltene Wirbellose treffen kann. Die Überhänge bieten zusätzlich gute Aussichtsmöglichkeiten ins Freiwasser. Der Blick ins scheinbar unendliche Blau des Meeres wird um Layang Layang oft belohnt, denn dort ziehen gelegentlich größere Meerestiere

vorbei. So werden um Layang Layang häufig Hammerhaie gesichtet, teilweise sogar in großen Verbänden. Aber auch andere Riffhaie und Rochen zählen zu den regelmäßigen Besuchern dieser Gebiete. Um das Ringatoll liegt häufig im 30-Meterbereich eine Sprungschicht (thermocline), an der die Wassertemperatur »sprunghaft« um einige Grade absinkt. Unterhalb dieser Sprungschicht erhöht sich die Wahrscheinlichkeit für Großfischbegegnungen!

Am Layang-Layang-Atoll herrscht fast immer Strömung, die zu dem artenreichen Bewuchs beiträgt. Die »Golden Wall« zum Beispiel ist mit goldgelben Weichkorallen übersät und bietet einen spektakulären Anblick, wie man ihn nur von wenigen Plätzen der Welt kennt.

Das Gebiet um Layang Layang zählt zu den ganz neuen Entdeckungen in Malaysia. Bei jeder Tauchkreuzfahrt kommen neue Tauchplätze mit wunderschönem Korallenbewuchs hinzu. Die Fülle scheint fast unüberschaubar, und daher ist es auch nicht weiter verwunderlich, daß die Benennung der einzelnen Riffe und Tauchplätze noch in den Anfängen steckt und keine einheitliche Regelung getroffen ist. So gibt es um Layang Layang nur wenige Tauchplatzbezeichnungen, mit denen ein Riff genau lokalisiert werden kann. Dazu gehören bis jetzt Old Channel, New Channel, Run Way Tunnel, Dogtooth Lair, Gorgonien Forest, Navigator Lane, Crack Reef, Wrasse Strip, The Valley, D-Wall und Snapper Lodge. All diese Namen lassen in unterschiedlicher Weise zu Recht die Phantasie der Taucher aufblühen. Aber sicherlich werden sich die Namen in den nächsten Jahren wieder ändern oder von anderen Tauchern neue erfunden.

Schildkröten begleiten häufig die Taucher

Goldstreifenschnapper am Riff

Die »Golden Wall« von Layang Layang

Die Spirit of Borneo ist ein modern ausgerüstetes Tauchkreuzschiff

Seit 1994 fahren zwei Kreuzfahrtschiffe dieses Revier speziell für Taucher an. Die M. V. Coral Topaz und die Spirit of Borneo starten von Kota Kinnabalu aus zu mehrtägigen Tauchkreuzfahrten in das Gebiet um Layang Layang. Die Spirit of Borneo kann nach europäischen Maßstäben als volleingerichtetes 40 m langes Luxustauchschiff eingestuft werden. An Bord befinden sich klimatisierte geräumige Doppelkabinen, teilweise mit eigener Dusche und WC. Der verantwortliche Tauchlehrer an Bord, Bob Bowdy, betreibt zur Freude der Unterwasserfotografen ein zuverlässiges E6 Labor. Damit kann die Fotoausbeute noch am gleichen Tag begutachtet und ausgewertet werden.

Neben dem Layang Layang Atoll werden bei den Tauchkreuzfahrten die Ardasier Banks sowie die nahegelegenen Dallas Riffe angefahren. Diese liegen etwa 1,5 Bootsstunden weiter nördlich. Zusammen verstreuen sich die Dallas- und Ardasierriffe in nordostwärtiger Richtung über eine Distanz von mehr als 40 Seemeilen! Sie weisen ähnliche Tauchbedingungen wie das Layang-Layang-Atoll auf. Hier beginnen allerdings die Riffdächer bereits in einer Tiefe von 2–3 m. Die Steilwände fallen dann wiederum auf über 1500 m ab, so daß auch dort die Wahrscheinlichkeit Großfische anzutreffen sehr hoch ist.

Südlich von Layang Layang liegen die Charlotte- und Louisariffe. Sie befinden sich westlich von Kota Kinnabalu und liegen gute 5 Bootstunden voneinander entfernt. Die lange Anreise lohnt sich je-

doch, da diese Riffe gleich spektakulär sind wie die vom Layang-Layang-Atoll. Insgesamt betrachtet gehört das Tauchrevier im Westen von Kota Kinnabalu zu den Highlights Malaysias. Daran wird sich sicherlich auch in absehbarer Zukunft nichts ändern, denn die Riffe liegen weit vor der Küste mitten im Meer und sind nur mit großen Live-on-board Schiffen zu erreichen – und davon gibt es, wie bereits erwähnt nur zwei. Selbst wenn sich die Anzahl der Tauchkreuzfahrtschiffe verdreifachen würde, verteilten sich diese auf der riesigen Fläche immer noch mehr als unauffällig. Auch eine entsprechend größere Taucheranzahl könnte in keinster Weise eine ernsthafte Gefährdung der Rifflandschaften darstellen, wie man es leider vielfach von den übertauchten Riffen der Malediven her kennt.

Pulau Sipadan

Sipadan liegt etwa 30 km vor dem Küstenstädtchen Semporna in der Celebes-See. Die Insel ragt aus fast 800 m Meerestiefe wie ein Pilz aus dem Wasser. Bei der Anfahrt auf Sipadan erinnert das kleine Eiland vom äußeren Bilde her etwas an eine Malediveninsel. Die knapp 12 ha große Insel kann in einer Viertelstunde mühelos auf dem schmalen Sandstrand zu Fuß umrundet werden: nach etwa 1,5 km befindet sich der Strandwanderer wieder am Ausgangspunkt. Sipadan ist mit dichtem Regenwald bedeckt und bietet gute und einfache Trekkingmöglichkeiten im Urwald. Schon 1933 entdeckten die damaligen englischen Kolonialherren die Schutzbedürftigkeit der Insel und ernannten sie zum Vogelreservat, dessen Status auch

Unterhalb der Sprungschicht steigt die Chance, größere Fische zu Gesicht zu bekommen

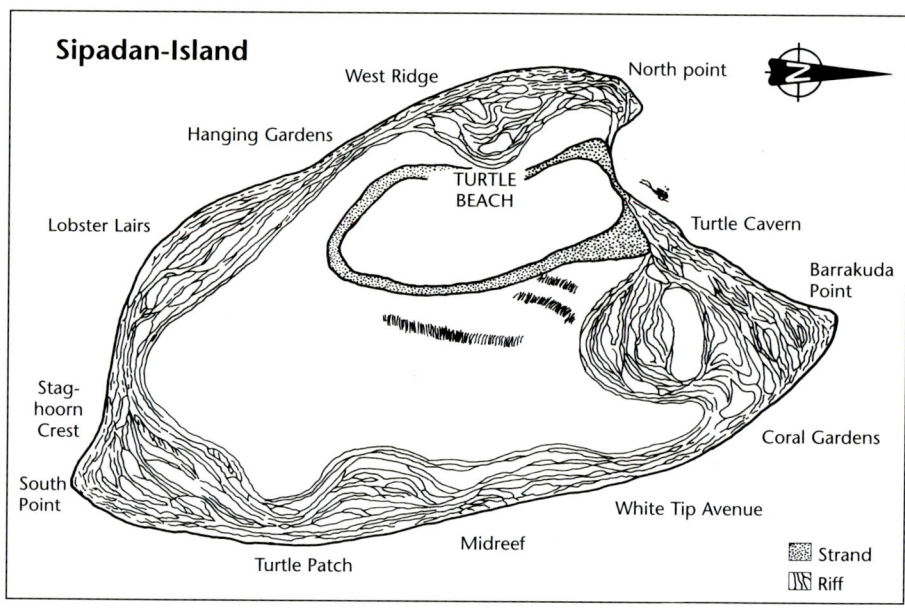

Sipadan-Island

West Ridge

North point

Hanging Gardens

TURTLE BEACH

Lobster Lairs

Turtle Cavern

Barrakuda Point

Stag-hoorn Crest

South Point

Coral Gardens

White Tip Avenue

Midreef

Turtle Patch

Strand

Riff

Anfahrt auf die Taucherinsel Sipadan

nach der Unabhängigkeit Malaysias von 1963 beibehalten wurde. Noch heute können auf Sipadan viele Vogelarten, wie beispielsweise Reiher, Seeadler und Fregattvögel, beobachtet werden. Darüber hinaus ist Sipadan für die vielen Schildkröten bekannt, die sich vor der Küste im Meer aufhalten. Die weiblichen Tiere kommen nachts zur Eiablage an den Strand. Meistens sind es mehrere Tiere, die gleichzeitig den Strand aufsuchen. Hin und wieder findet die Eiablage direkt unterhalb einer der Bungalowhütten statt, so daß in den nächsten sechs Wochen bis zum Schlüpfen der Jungtiere ein Bogen um den extra abgesteckten Bereich gemacht werden muß. Um die Schildkröten nicht unnötig bei der Eiablage zu stören, wird die Anzahl der nächtlichen Naturbeobachter und Strandgänger aufmerksam überwacht. Das Wildlife Department sperrt dann die Strandabschnitte ab, so daß der Zutritt nur nach vorheriger Anmeldung gewährt wird. Diese Aktionen laufen in Verbindung mit den Borneo Divers. Sie unterstützen den Schutz der Meeresschildkröten jährlich durch kräftige finanzielle Zuschüsse. Die Gelder dafür beziehen sie aus den Tauchaktivitäten ihrer Gäste, die somit neben ihrem eigenen Tauchvergnügen zum Schutz der Meeresschildkröten beitragen.

Für den internationalen Tourismus erwachte Sipadan erst vor kurzer Zeit aus einem langen Dornröschenschlaf. Vielleicht mag die späte touristische Erschließung der Insel ja auch auf einer alten malaysischen Sage beruhen, nach der vor vielen Jahrhunderten ein riesiger

Die Tauchplätze um Sipadan sind in 10 Minuten zu erreichen

Mit etwas Geduld werden auch Schildkröten zutraulich

Die Tauchplätze zählen zu den fischreichsten in Malaysia

Krake in der Nähe von Sipadan auftauchte und drei königliche Schiffe in die Tiefe zog. Aus diesem Grunde wurde Sipadan von den Malaysiern großräumig gemieden.

Als die ersten Taucher einen Blick unter die Wasseroberfläche warfen und ihren Augen kaum Glauben schenken konnten, wurde der Aberglaube schnell verworfen. Das nahe Riff um Sipadan offeriert an nahezu jeder Stelle erlebnisreiche Tauchgänge und bietet spektakuläre Rifformationen, die etwa 2 200 verschiedene Fischarten beherbergen. Da die Insel fernab vom Festland liegt und wie bereits beschrieben steil und tief abfällt, ziehen zur Freude der Taucher auch viele Großfische vorbei. Hinzu kommen die überwiegend guten Sichtverhältnisse. Es gibt natürlich auch Ausnahmen mit Perioden eingetrübter Sichtweiten aufgrund höheren Planktonaufkommens. Sipadan hat zu ihren umliegenden Riffen die kürzesten Anfahrten in ganz Malaysia, da sich die Tauchplätze immer gleich vor der »Haustüre« befinden. Die maximale Anfahrtszeit beträgt (je nach Fahrstil des Bootsführers!) nicht mehr als 15 min. Ideale Voraussetzungen also für unkomplizierte und einfache Vorbereitungen zu den geplanten Tauchabstiegen. Lediglich die Ausfahrten zu den südlich gelegenen Punkten können bei leichter Dünung zur Strapaze werden, wenn die Fahrer mit Vergnügen die Glasfaserboote durch die Wellen springen lassen.

Die Borneo Divers haben rund um den Riffsaum insgesamt 12 Tauchplätze ausgeschrieben, die alle gleichsam interessant sind und unter Berücksichtigung des Tiefenlimits von 40 m sowie den Nullzeitgrenzen betaucht werden können. Zusätzlich besteht die Möglichkeit,

Die Turtle Cave ist spannender als ein Krimi

direkt vor dem Hausstrand einzusteigen und dort die Steilwände zu erkunden.

Die Borneo Divers bieten komplette Tauchpakete ab Kota Kinnabalau an, die die Anreise, Unterkunft, Vollpension und natürlich das Tauchen beinhalten. In kleinen Gruppen wird dann um Sipadan ein Tauchplatz nach dem anderen angefahren. Es wird nicht geankert, und die Tauchboote sammeln die Taucher nach dem Auftauchen wieder ein. Die durchschnittlichen Tauchtiefen liegen zwischen 3 und 24 m. Zusätzlich können im Rahmen eines Nonlimit Tauchprogrammes Hausrifftauchgänge (»Beach Diving«) absolviert werden, solange der Computer es zuläßt!

Die Tauchplätze um Sipadan

Einer der spektakulärsten Tauchplätze ist unumstritten die **Turtle Cave**. Sie befindet sich unweit vom Hausriffeinstieg in nordostwärtiger Richtung. Das Innere der Turtle Cave ist durch einen langen Tunnel zu erreichen. Voraussetzung für diese Tauchgänge ist eine gewisse Tauchsicherheit und -erfahrung in Höhlen, denn die Turtle Cave zählt schon zu den etwas schwierigeren Tauchvorhaben. Nach etwa 70 m gespenstischen Tunneltauchens erreicht man eine Art Schildkrötenfriedhof, wo sich die Überreste verendeter Tiere befinden. Vermutlich zeugen die Schädel und Rückenschilde jedoch nicht, wie bei den bekannten Elefantenfriedhöfen, von einer bewußt aufgesuchten letzten Ruhestätte. Es wird vielmehr davon ausgegangen, daß sich einige der dort zahlreich vorkommenden Schildkröten verschwommen haben und schlichtweg in der Höhle ertrunken sind, nachdem sie nicht mehr aus dem verzweigten Tunnelsystem herausfanden. Zusätzlich befinden sich ein Delphinskelett und ein Marlinskelett in der Höhle. Die enge Nebenhöhle darf nicht mehr betaucht werden.

Die anderen Tauchplätze bestechen durch ihren artenreichen Bewuchs, dem

*Seltenes Taucherglück: ein Schwarm
Büffelkopf-Papageifische*

reichen Fischbestand der unzähligen
verschiedenen Fischarten und natürlich
durch die vielen Schildkröten, die eigentlich bei jedem Tauchgang aus teilweise nächster Distanz beobachtet werden können. Sie scheinen sich schon an
die vielen Taucher gewöhnt zu haben
und zeigen kaum noch Scheu vor den
Menschen. Auf Sipadan gibt es auch oft
Großfischbegegnungen zu verzeichnen.
Es können Mantas, Walhaie, Adlerrochen oder sogar Hammerhaischulen
vorbeiziehen. So hat Sipadan für jeden
Taucher etwas Besonderes zu bieten.
Der **South Point** ist ein flach abfallendes
Riff an einer strömungsexponierten Stelle. Deshalb finden sich dort große Ma-
krelen- und Barrakudaschwärme ein und
nutzen die für sie idealen Jagdbedingun-
gen aus. Die Tauchguides kennen am
Southpoint spezielle Stellen, an denen
sich weiße, gelbe und schwarzweiße

Taumler-/Schaukelfische aufhalten. Im Flachwasserbereich kommt es an diesem Tauchplatz durch starke Brandungen bedingt leider zu natürlichen Riffbeschädigungen.

Der **Staghorn Crest** bildet die westliche Verlängerung vom South Point. Die steile Riffwand fällt bis auf über 40 m ab. In einer Tiefe von ca. 55 m folgt ein etwas flacherer Riffsattel. Die Steilwand ist sehr schön bewachsen und mit Grotten durchsetzt. Der Staghorn Crest eignet sich bei starker Strömung gut, um dort einzusteigen und sich entlang der Wand zum South Point treiben zu lassen. Im

Skorpionfische tarnen sich durch Anpassung

Flachwasserbereich des South Points kann dann der Tauchgang beendet werden.

Am **Lobster Lairs** beginnt zwischen 3 und 6 m Tiefe eine senkrechte Steilwand, die der des Staghorn Crest ähnelt. Nachmittags bestehen dort gute Chancen, die Schule der Büffelkopfpapageifische bei der Nahrungssuche zu beobachten. Sie brechen mit ihrem mächtigen Gebiß größere Stückchen aus den Korallen heraus. Das ist unter Wasser deutlich hörbar.

Die Hanging Gardens fallen nicht ganz so steil ab wie Lobster Lairs oder Staghorn Crest. Sie bestechen durch ihren dichten Bewuchs mit Weichkorallen

Am **West Ridge** wird das Korallenwachstum etwas vom herabrieselnden Sand, der bei Strömung übers Riff gezogen wird, beeinträchtigt. Dadurch können sich die Korallen nur eingeschränkt entfalten. Im Übergang vom West Ridge zum Hausriff, dem Drop Off, liegen die Schlafplätze der Büffelkopfpapageifische. Diese kann man einfach erreichen, wenn vom Steg vor den Borneo Divers aus nach links getaucht wird. Fotografen sei der behutsame Umgang mit Lampen und Blitzlicht angeraten, da die imposanten Tiere sonst abzuwandern drohen.

Der **Jetty Drop Off**, das Hausriff, bildet einen idealen Einstieg für Tauchgänge, die direkt von Land aus gestartet werden können. Die steile Wand ist mit Grotten und Höhlen durchzogen und bietet abwechslungsreiches Tauchen. Auch am Hausriff kann oft ein leichtes Sandrieseln festgestellt werden, das den Korallen-

Junge Barrakudas schützen sich vor Freßfeinden durch Schwarmbildung

bewuchs hemmt. Dennoch ist das Haus-
riff sehr gut bewachsen und dient
nebenbei bemerkt als eine günstige
Einstiegsstelle, um die Turtle Cave von
Land aus zu betauchen.

Der **Barrakuda Point** zeigt sich von der
Formation und vom Bewuchs dem
South Point vergleichbar. Ebenfalls finden sich an diesem Platz, wie der Name
schon vermuten läßt, größere Barrakudaschwärme ein. In ca. 25 m halten sich
auf einer sandigen Fläche oftmals einige
Weißspitzenriffhaie und Blaupunktrochen auf.

Die Tauchplätze in der gleichen Richtung weiter verfolgend, folgen die
Whitetip Avenue, die **Coral Gardens**,
das **Midreef** und **Turtle Patch**. Sie gleichen einander leicht und bieten, wie
auch die ausführlicher beschriebenen
Riffstellen um Sipadan, gut bewachsene
Steilwände. Vom Turtle Patch kann man
sich wiederum gut zum South Point
treiben lassen.

An keinem Tauchplatz müssen große
Strecken zurückgelegt werden. Überall
gibt es für Unterwasserfotografen auf
kleinem Raum reichlich Gelegenheiten,
gute Fotos zu schießen. Wer diesem
Hobby nachgeht, dem sei bei einem
Tauchurlaub auf Sipadan dringend eine
großzügige Filmbevorratung angeraten.
Abschließend sei erwähnt, daß die Borneo Divers auf Sipadan keine Anfängerausbildung machen, dafür aber die Leistungsstufen weiterführender PADI Bre-
vets, wie Advanced und Rescue Diver,
abnehmen.

Die 23 Unterkünfte der Borneo Divers
bestehen aus spartanischen A-Frame
Hütten, denen gemeinschaftliche sanitäre Anlagen angeschlossen sind. Das Restaurant bietet einfache, aber köstliche

Sipadan bietet rundum Fotomotive

einheimische Gerichte an. Zur Atmo-
sphäre der Insel passend, ist fast überall
Selbstbedienung vorgesehen. Unterkunft und Vollpension sind bereits in den
kombinierten Tauchpaketen inbegriffen.
Die Tauchschule der Borneo Divers ist
vom Tauchablauf und der Organisation
her sehr gut durchdacht. Sie verfügt
über ein Süßwasserspülbecken für Kameraausrüstungen und bietet genügend
Platz zur Lagerung der gesamten privaten Tauchgeräte.

Die Pauschalangebote erscheinen vielen
Gästen auf den ersten Blick reichlich teuer. Bei genauerer Betrachtung allerdings
halten sie sich jedoch im annehmbaren
Rahmen, da neben den bereits genannten Leistungen mit diesen Geldern der
erfolgreiche Schutz der Meeresschildkröten finanziert wird, für den alleine die
Borneo Divers jedes Jahr über 50 000,—
US-Dollar zur Verfügung stellen.

Die gleich große Anlage des Sipadan-Dive-Center liegt etwas zurückversetzt im Schatten des Waldes und verfügt über Bungalows, die weiter voneinander entfernt stehen. Die zurückversetzte Lage der mit eigenem Bad ausgestatteten Bungalows verringert auch sehr effektiv die Lärmbelästigung durch die Kompressoren und Generatoren. Die Tauchschule des Sipadan-Dive-Centers operiert ebenfalls mit Pauschalprogrammen ab Kota Kinnabalu. Auf Sipadan selbst sind die bequemen Unterbringungsmöglichkeiten der Tauchausrüstung im Tauchshop des Sipadan-Dive-Center etwas eingeschränkt.

Als dritte Anlage auf Sipadan ist das Pulau Sipadan Resort, das 10 Bungalows betreibt, zu nennen. Sie stehen nachteilig ohne Klimaanlage direkt in der Sonne, verfügen dafür aber über ein eigenes Bad.

Vokabeln zum wichtigsten Gebrauch

Die nationale und offizielle Sprache in Malaysia ist Bahasa Malaysia (malaiisch). Viele Chinesen sprechen zusätzlich Mandarin, die Inder Tamil. An den Schulen ist Englisch ein wichtiges Lehrfach. Englisch ist gleichzeitig auch die allgmeine Umgangssprache im Geschäftsleben.

In den größeren Städten können sich Touristen mit Englischkenntnissen gut zurechtfinden, in den ländlichen Gegenden spricht kaum jemand Englisch und man kann sich ohne malayische Sprachkenntnisse kaum verständigen.

Bereits mit einigen wenigen Vokabeln können in Malaysia die ersten Kontakte zur Bevölkerung hergestellt werden. Alle Malaysier, denen ich bisher begegnete, zeigten sich stets bemüht, das richtige herauszuhören, und waren stolz darauf, wenn sie mir noch ein weiteres, neues Wort beibringen konnten. Fragen Sie also ruhig viel und lassen sich neue Wörter vorsagen, damit Sie hören können, wie sie richtig ausgesprochen werden.

Das Bahasa Malaysia ist übrigens sehr eng mit dem Bahasa Indonesia verwandt.

1	satu
2	dua
3	tiga
4	empat
5	lima
6	enam
7	tujuh
8	lapan
9	sembilan
10	sepuluh
11	sebalas
12	dua belas
13	tiga belas
20	dua puluh
30	tiga puluh
40	empat puluh
100	seratus
200	duaratus
300	tigaratus
1000	seribu
2000	duaribu
3000	tigaribu

Beispiele:

538	limaratus tiga puluh lapan
1994	seribu sembilanratus sembilan puluh empat

Kleine phonetische Hilfe:

a	wie »Tal«
c	wie »Chips«
e	nach Konsonanten häufig stimmlos
g	wie »Gast«
j	wie »Gin«
r	wie »Rolle«
s	wie »Schar«

Wichtige Wörter zum ersten Kontakt

vor 10.00 Uhr:

Guten Tag	selemat pagi

nach 10.00 Uhr

Guten Tag	selemat siang
Willkommen	selemat datang
Auf Wiedersehen	
(zur Person, die bleibt)	selemat tinggal

Auf Wiedersehen
(zur Person, die geht) selemat jalan
Wie geht es Dir? apa kabar?
Mir geht es gut kabar baik
Danke sehr terima
Danke gleichfalls terima kasih kem
bali
In Ordnung, OK baik, baiklah
Wie heißt du? siapa nama mu?
Ich heiße Christian nama saya Christian

Wohin gehst Du? darimana?
Spazierengehen jalan-jalan
Woher kommst Du darimana?
Aus Deutschland dari jerman barat
Was ist das? apakah?
Möchtest Du? Engkau suka?
Ich möchte das nicht, danke
Saya tidak mau, terima kaseh
Bitte tolong
Danke terima kaseh
Ja Ya
Nein tidak

Im Restaurant

Essen makan
trinken minum
Ich möchte essen saya mau makan
Ich möchte trinken saya mau minum
Tee, schwarz teh pahit
Tee, süß
(mehr süß, als Tee!) Tee manis
Wasser air
Eis air beku
gekochter Reis nasi putih
Brot/Fladenbrot roti
gebratener Reis nasi goreng
Nudeln mie
Huhn ayam
Ente itk
Rind lembu

Schwein babi
Fisch ikan
Garnelen udang
Tintenfisch ikan kurita
Muscheln siput
Es schmeckt gut enak saya
Wieviel kostet es? Berapa harganya
Heiß panas
Kalt sejuk

Weitere nützliche Ausdrücke

Wo? di mana
Wo ist... di mana ada
Vorsicht! awas
Stop! berhenti
Norden utara
Süden selatan
Westen barat
Osten timur
Rechts kanan
Links kiri
Vorn hadapan
Hinten belakang
Hafen pelabuhan
Bootsanleger dermaga
Dorf kampong
Insel pulau
Meer laut
Strand pantai
Koralle karang
Flußmündung kuala
Ebbe air surut
Flut air pasang

Raum für eigene Notizen

Welche Wörter habe ich in Malaysia dazugelernt:

Malaysia – Allgemeine Informationen

Reisevorbereitungen für Taucher

Der Tauchsport bringt es mit sich, daß Fernreisen besonders genau geplant und gut durchdacht vorbereitet sein sollten. Nicht nur die Kenntnis über den Tauchort selbst, sondern das möglichst umfangreiche Wissen der verschiedenen An- und Einreisebestimmungen helfen Enttäuschungen oder Unannehmlichkeiten zu vermeiden. Ein großes Problem, das sich den Tauchern immer wieder stellt, liegt in der Gepäckbeförderung. Einige Fluggesellschaften haben bereits reagiert und befördern das Sportgepäck kostenlos. So stehen die üblichen 20 kg Freigepäck tatsächlich für private Dinge zu Verfügung. Andere Gesellschaften wiederum drucken einen zusätzlichen Vermerk »Taucher« in das Flugticket und befördern daraufhin 30 kg Freigepäck pauschal. Die Anreise zum Abflughafen wird von verschiedenen Fluggesellschaften mit einem kostenlosen rail & fly-Ticket gesponsert. Diese beiden Punkte sollten im Vorfeld mit den Reiseveranstaltern abgeklärt werden, weil sie bereits mit der Reiseanmeldung vorgebucht werden müssen. Unterwasserfotografen, die zusätzlich ihre Kameraausrüstung mitnehmen, sei angeraten, die technisch hochempfindlichen Geräte im Handgepäck mitzuführen und das Zubehör gut gepolstert zwischen dem Tauchgepäck zu verstauen. Es gilt in jedem Fall, Übergepäck am Schalter in der Flughafenhalle zu vermeiden, denn das kostet pro Kilo bis zu 1% vom 1. Klasse Tarif des Flugpreises. Für die Strecke Frankfurt – Kuala Lumpur und zurück kann der Preis für ein Kilo Übergepäck horrende 120,— Mark betragen! Die günstigere Alternative ist die Aufgabe von Flugfracht. Wird diese ein paar Tage vorher aufgegeben, kann sie in der Regel am Zielflughafen abgeholt werden, wenn man selbst dort eintrifft. Für Flugfracht sind nur noch etwa 10,— DM (meistens weniger!) für jedes Kilo zu berappen. Telefonische Auskünfte geben die einzelnen Fluggesellschaften.

Einreisebestimmungen

Deutsche, Österreicher und Schweizer benötigen zur Einreise nach Malaysia lediglich einen Reisepaß, der noch mindestens sechs Monate gültig ist. Der ohne Visum gewährte Aufenthalt im Land beträgt drei Monate (Visit Pass).

ACHTUNG: Manchmal gibt es an der Grenze nur einen Monatsstempel in den Paß. Wer länger bleiben möchte, kann dies gleich an Ort und Stelle problemlos regeln und erhält einen entsprechend geänderten Eintrag in seinen Reisepaß. Bei Reisen zwischen Westmalaysia und Ostmalaysia gibt es zwar einen zusätzlichen Stempel, der jedoch nichts an der ursprünglichen Aufenthaltsdauer (drei Monate vom Zeitpunkt der ersten Einreise) ändert.
Wer länger als drei Monate bleiben möchte, kann entweder einmal um das

Grenzhäuschen eines Nachbarstaates marschieren und sich dann einen neuen Visit Pass in den Paß stempeln lassen, oder gegen eine Gebühr von 5 Ringgit eine einmonatige Verlängerung erhalten.

Wichtige Adressen

Malayisches Fremdenverkehrsamt – Tourist Development Corporation Malaysia (TDC) Roßmarkt 11, 60311 Frankfurt a.M., Tel.: 069/283782, Fax: 069/ 285215

Das Malayische Fremdenverkehrsamt hält gutes und umfangreiches Informationsmaterial für die Kunden bereit und – sieht man einmal vom Tauchen ab – versorgt es die Anrufer gerne mit den aktuellsten Neuigkeiten.

Botschaften

In Deutschland:
53175 Bonn-Bad Godesberg, Mittelstraße 43, Tel.: 0228/376803-6;

In der Schweiz:
3008 Bern, Laupenstraße 37, Tel.: 031/252105;

In Österreich:
1040 Wien, Prinz Eugen Straße 18, Tel.: 0222/6511420;

In Belgien:
1150 Bruxelles, 414 A Avenue de Tervuren, Tel.: 762/6767;

In Holland:
2517 Den Haag, Rustenburgweg 2, Tel.: 07/506506

Impfungen

Für Einreisende aus Europa gibt es keine Impfbestimmungen. Dennoch sollte sich jeder, der ein Dschungeltrekking plant, genau erkundigen, welche Vorsorge empfehlenswert scheint. In Malaysia tritt beispielsweise in manchen Gebieten zu bestimmten Jahreszeiten Malaria auf. Notfalls können die örtlichen Krankenhäuser darüber informieren. Die ärztliche Versorgung ist in Malaysia sehr gut und kostenfrei. Lediglich für Medizin sind ein paar Ringgit zu berappen.
Wer sich im Vorfeld informieren möchte, erhält die aktuellen Impfbestimmungen am zuverlässigsten bei den Instituten für Tropenmedizin:

Tropeninstitut München, Leopoldstr. 5, 80802 München, Tel.: 089/333322/336755;

Bayrische Gesellschaft für Immun- und Tropenmedizin und Impfwesen e.V., Brienner Str.11, 80333 München, Tel.: 089/292467.

Zusätzliche Hinweise zur Gesundheitsvorsorge:
Wenngleich in Malaysia keine akuten Fälle gängiger Infektionskrankheiten bekannt sind, dennoch einige nützliche Hinweise:
Es ist stets ratsam, ein mückenabwehrendes Mittel – z.B. Autan – mitzuführen. Kein Leitungswasser trinken!

Vorsicht bei aufgeschnittenen Früchten, Eiswürfeln und Speiseeis. Nicht barfuß laufen (es gibt Hakenwürmer)!
Jede, auch die kleinste Wunde, sofort säuberlich desinfizieren und mit Pflaster behandeln. Vor der Reise Tetanus-Schutz überprüfen.

Einfuhrbestimmungen

In Malaysia (und auch in Singapore) steht auf Drogenmißbrauch die Todesstrafe! Selbst Ausländern gegenüber werden diese Gesetze rigoros durchgesetzt. Die großen Tageszeitungen publizieren die Fälle ständig und weisen eindringlich darauf hin, daß die Regierung auch weiterhin unabhängig von der Nationalität hart durchgreift.
So ist es ratsam, vor dem Grenzübertritt nach Malaysia das Gepäck gut im Auge zu behalten. Es mag an den Haaren herbeigezogen klingen, aber es sind Fälle bekannt geworden, bei denen ahnungslosen Reisenden Drogen ins Gepäck geschmuggelt wurden.
Wer in Malaysia Antiquitäten erwirbt, kann diese lediglich mit einer schriftlichen Genehmigung der Museumsbehörde ausführen.

Währung

Die recht stabile Währung ist der malaiische Dollar (Ringgit), der etwa 0,60 DM entspricht. Es gibt Noten zu 1, 5, 10, 20, 50 und 100 Ringgit. (Es gibt auch noch 500 und 1 000-Dollarscheine, die man aber höchst selten sieht und

nicht mehr los wird, da sie keiner wechseln kann!). Ein Ringgit unterteilt sich in 100 Sen. Münzen sind zu 1, 5, 10, 20, 50 Sen und 1 M$ im Umlauf. Bargeld stellt in Malaysia das beste Zahlungsmittel dar. US$-, SFr-. und DM-Travellerschecks können in Banken und bei Geldwechslern zu guten Kursen getauscht werden. Deutschen und Schweizern sei deshalb angeraten, ihre eigene Währung mitzunehmen. Dadurch wird ein unnötiger Währungsverlust durch den Einkauf von US-Dollar vermieden.

ACHTUNG: In Malaysia kassieren die Banken unterschiedliche Kommissionen und Gebühren für Travellerschecks! Also nicht so viele Schecks mit kleinen Beträgen mitführen. Am besten fährt man mit der Bank Berhad Malaysia. Kreditkarten werden nur in den größeren Städten oder in Hotelanlagen akzeptiert.

Elektrizität

220 V, 50 Hertz Wechselstrom. Englische Stecker mit drei Anschlußbuchsen. Flachstecker funktionieren zwar, aber die handelsüblichen Adapter eignen sich besser.

Telefon

Die Vorwahl von Malaysia ist 0060. Die Vorwahl von Malaysia ins internationale Netz ist 007, gefolgt vom Ländercode (von Malaysia aus 49 für Deutschland, 41 für die Schweiz, 43 für Österreich, 32 für Belgien und 31 für Holland).

Die Vermittlung internationaler Telefongespräche von Malaysia über den Operator erfolgen über die Vorwahl 108.

Telefonvorwahlen der wichtigsten Städte in Malaysia:

Kuala Lumpur	03
Penang, Langkawi	04
Johor Bahru, Mersing und Tioman	07
Kuching	082
Sibu	084
Labuan	087
Kota Kinnabalu	088
Sandakan	089
Kuantan, Tregganu, Kota, Bahru	09
Singapore	02

Die günstigsten Überseegespräche können von Singapore aus geführt werden. In Malaysia ist man oft darauf angewiesen, vom Hotel aus zu telefonieren, was entsprechend teuer ist.

Zeitverschiebung

Malaysische Zeit = MEZ plus sieben Stunden. Im Sommer plus sechs Stunden.
ACHTUNG: Zwischen Malaysia und Thailand gibt es eine Stunde Zeitunterschied. (Malaische Zeit minus 1 Stunde = Thailändische Zeit). Die Malaysische Grenze schließt um 18.00 Uhr.

Post

Eine Postkarte oder ein Brief von Malaysia nach Deutschland dauert etwa 7 bis 10 Tage. Briefe versendet man am besten per Luftpost (Air Mail) zu 80 c pro 10 Gramm. Ohne den Zusatz »Air Mail« werden sie automatisch per Schiff transportiert und benötigen zwischen 6 und 8 Wochen, ehe sie den Empfänger erreichen. Eine schnelle und trotzdem günstige Möglichkeit längere Nachrichten abzusetzen ist das Aerogramm. Es kostet mit bereits aufgedruckten Briefmarken 40 c.

Malayische Fremden-verkehrsämter (TDC)

Die malaysischen Fremdenverkehrsämter sind im eigenen Land zahlreich vertreten und beraten die Gäste gerne mit ausführlichem Informationsmaterial. Zum Thema Tauchen ist allerdings nur wenig zu erfahren, da der Begriff Tauchen stets mit Schnorcheln gleichgesetzt wird – und schnorcheln kann man schließlich überall an der Küste, selbst dort, wo es nicht einmal Korallen zu sehen gibt.

Adressen:
Kuala Lumpur, MATIC,
109 Jalan Ampang, Tel.: 2434929;
Kuantan, Kompleks Teruntum,
Jalan Mahkota, Tel.: 505566;
Penang, 10 Jalan Tun Syed Sheh
Barakbah, Tel.: 620066;
Kota Kinnabalu, Wing On Building,
Jalan Sagunting, Tel.: 80164;
Kuching, Airport, Main Basaar,
Tel.: 456266;
Trengganu, Wisma Darul Iman, Jalan
Sultan Ismail, Tel.: 621433;
Kota Bahru, Jalan Sultan Ibrahim,
Tel.: 785534.

Wer mehr über Umweltschutzprojekte in Malaysia erfahren möchte, kann sich an folgende Adresse wenden:

Malayan Nature Society,
P. O. Box 10750, 50724 Kuala Lumpur,
Tel.: 03/7912185; Fax: 03/7917722.

Penang

Anreise und Abreise

Flüge
Internationale Flüge nach/von Singapore, Bangkok, Phuket, Hat Yai und Medan sowie nach Europa, und Australien. Nationale Flüge nach/von Kuala Lumpur, Langkawi, Kuantan, Trengganu, Kota Bahru, Johor Bahru, Kerteh und Ipoh. Auskünfte über aktuelle Flugzeiten:

MAS Office, Jalan Pinang,
Tel.: 04/620011,
Thai Airways International,
Wisma Central, 41 Jalan Malicaster,
Tel.: 04/366233.
In Deutschland: Frankfurt,
Tel.: 069/69054771

Eisenbahn
Zugverbindungen bestehen nach Kuala Lumpur (dort weitere Anschlußverbindungen), Singapore und Bangkok.

Informationen und Reservierungen:
Railway Booking Office, Penang, Weld Quay, Tel.: 610290.

Busse
Alle Hotels verfügen über die aktuellen Busverbindungen und Preise und kön-

nen Reservierungen und Tickets arrangieren. Das Busterminal befindet sich in Butterworth. Busverbindungen gehen von hier aus zu fast jeder größeren Stadt in Malaysia und Thailand sowie nach Singapore. Minibusverbindungen bestehen nach Phuket, Ko Samui, Krabi und Hat Yai.

Hotels – in Georgetown

Eastern & Oriental, Farquhar Street,
Tel.: 04/375322, Zimmer mit Meerblick ab MS$ 150,—.
Shangri La Hotel, Magazine Road,
Tel.: 04/622622, Fax: 04/626526,
Zimmer ab MS$ 150,—.
City Bayview, Leboh Farquhar,
Tel.: 04/363161, Zimmer ab
MS$ 100,— .

Hotels – außerhalb Georgetowns

Equatorial, 1, Jalan Bukit Jambul,
11900 Penang, Tel.: 04/838111,
Fax: 04/848000.
Ferringhi Beach Hotel, Batu Ferringhi Road, 11100 Penang, Tel.: 04/805999.
Zimmer ab MS$ 200,—.
The Bayview, Batu Ferringhi Beach,
11100 Penang, Tel.: 04/812123,
Fax: 04/812140.

Weitere Informationen über Penang:

TDC Northern Region –
Tourist Information Centre Penang,
10 Jalan Tun Syed Sheh Barakbah,

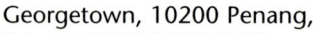

Georgetown, 10200 Penang,
Tel.: 04/620066/619067,
Fax: 04/623688.

Langkawi

Anreise und Abreise

Flüge
Täglich nach Penang, MS$ 45, und Kuala Lumpur (über Penang), MS$ 112,—.
Zweimal wöchentlich nach Singapore, MS$ 180,—.
Auskünfte und Buchungen: MAS Office, Kuah, Jalan Pantai Dato Syed Omar, Tel.: 788252, oder in Kuala Lumpur, MAS, Tel.: 03/7463000.

Schiffe
Zwischen Penang und Langkawi, täglich außer Dienstags und Freitags, MS$ 40,—.
Zwischen Kuala Kedah und Langkawi, täglich mehrere Transfers, MS$ 13.
Zwischen Kuala Perlis und Langkawi, stündlich von 09.00 – 18.00 Uhr, MS$ 13,—.
Informationen und Reservierungen:
Perlis Langkawi Ferry Service, Kuah, Tel.: 04/788272;
Langkawi Ferry Service, Kuala Kedah, Tel.: 04/921201,
Kuala Perlis Langkawi Ferry Service, Tel.: 04/754406.

Hotels

Pelangi Beach Resort, Pantai Cenang, Tel.: 04/911001, 350 Zimmer, MS$ 264,— bis 298,—.

Langkawi Holiday Villa, Pantai Tengah, Tel.: 04/911701, 258 Zimmer, MS$ 200,— bis 1.600,—.
Sheraton Langkawi, Teluk Nibong, Tel.: 04/911901, 300 Zimmer, MS$ 348,— bis 1 512,—.
Langkawi Island Resort, Pantai Syed Omar, Tel.: 04/916209, 213 Zimmer, MS$ 157,— bis 1 500,—.

Weitere Informationen über Langkawi

Tourist Information Centre, Kompleks Jeti Kuah, Kuah, 07000 Langkawi, Tel.: 04/917789.

Inselgruppe um Payar

An- und Abreise

Die Inselgruppe um Payar ist per Boot von Penang und Langkawi aus zu erreichen. ACHTUNG: Die Ausflüge starten bereits am frühen Morgen!
Die Anreise von Penang oder Langkawi dauert ca. 4–5 Bootsstunden.
Beste Auskünfte über die Tauchanbieter, s. u. Taucharrangements von Penang und Langkawi.
Die Anreise von Kuala Perlis und Kuala Kedah dagegen lediglich zwischen 45 und 60 min. Die Kosten für eine Fahrt belaufen sich auf MS$ 12,—.

Unterkünfte

Es gibt keine Unterkünfte auf den Inseln, sondern lediglich die Möglichkeit, in

mitgebrachten Zelten zu übernachten. Diese müssen beim Fisheries Departement angemeldet werden:
Fisheries Departement, Tani Building, Jalan Mahameru, 50624 Kuala Lumpur, Tel.: 03/2982011.
oder
Fisheries Departement,
Wisma Persekutuan, Jalan Kampung Baru, 05300 Alor Star, Tel.: 04/725573.

Taucharrangements

ab Kuala Lumpur:
Fame Tours & Travel, Nr. 10,
Lower Ground Floor, Pernas International Building Jalan Sultan Ismail, 50250 Kuala Lumpur,
Tel.: 03/2613317.
Ein Pauschalangebot für neun Tage inklusive Flüge, Hotelübernachtung, Transfers, Boot, Tauchen/Schnorcheln und Ausrüstung kostet MS$ 2822,— für Taucher und MS$ 2542,— für Schnorchler.

Asian Overland Services,
35 M Jalan Dewan Sultan Sulaiman Satu, 50300 Kuala Lumpur,
Tel.: 03/2925623.
Ein Pauschalangebot für vier Tage inklusive Transport, Unterkunft, Verpflegung, Boot, Tauchen und Verpflegung kostet ca. MS$ 1035,—.

von Penang und Langkawi:
Hier werden Tagestouren angeboten, die um 8.30 Uhr beginnen und abends gegen 19.30 Uhr enden. Die Preise belaufen sich auf etwa MS$ 150,— pro Person. Zusätzlich müssen MS$ 80,— für die Ausrüstungsmiete berappt wer-

den. Eine Tauchlehrerbegleitung kostet zwischen MS$ 20,— und MS$ 50,—.

Informationen und Buchungen:
Pelangi Beach Resort, Pantai Cenang, 0700 Pulau Langkawi, Kedah,
Tel.: 04/91101.
Langkawi Adventure Sdn Bhd, Pantai Tengah Mukim Kedawang,
07000 Langkawi, Tel.: 04/911533.
Mutiara Beach Resort Penang, 1, Jalan Teluk Bahang, 11050 Penang,
Tel.: 04/812828.

Perhentian Inseln

Anreise und Abreise

Die Anreise erfolgt in der Regel über Kota Bahru, der Hauptstadt Kelantans. Kota Bahru ist mit der MAS von mehreren malayischen Städten aus erreichbar. Kuala Lumpur (ca. MS$ 86,—), Ipoh (MS$ 113,—), Penang (MS$ 72,—), Johor Bahru (MS$ 163,—) und Alor Setar (MS$ 59,—) werden täglich angeflogen. Der Sultan Ismail Detra Airport befindet sich etwa 10 km außerhalb von Kota Bahru. Eine Taxifahrt in die Stadt kostet MS$ 10,—.
Taxifahrten von Kota Bahru nach Kuala Besut kosten MS$ 40,— für ein Taxi. Der Preis teilt sich jeweils durch die Anzahl der mitfahrenden Gäste.
Von Kuala Besut gehen je nach Bedarf täglich Transferschiffe auf die Perhentian Inseln. Die Fahrtzeit beträgt etwa 1,5 Stunden. Der Preis für eine Fahrt beläuft sich auf MS$ 15,— pro Person. Das letzte Schiff verläßt Kuala Besut um 15.00 Uhr.

TIP: Kaufen Sie nicht die empfohlenen Return-Tickets. Dadurch sind sie auf ein Fährunternehmen angewiesen, das eventuell zu ihrem gewünschten Rückreisetermin nicht auf den Perhentian Inseln verfügbar ist!

Für die Rücktransfers nach Kuala Besut verlassen die Schiffe die Perhentian Inseln früh morgens zwischen 7.00 Uhr und 8.30 Uhr.

Unterkünfte

Die erste Adresse auf den Perhentian Inseln ist das Perhentian Island Resort auf der großen Insel Perhentian Besar. Die Zimmerpreise liegen zwischen MS$ 110,— und MS$ 285,— pro Nacht. Neben den Fan-Bungalows, die sich unmittelbar bei der Bucht befinden, entstanden 1994 komfortable Aircon Chalets, die teilweise am Strand, teilweise etwas weiter zurückversetzt stehen. Der Strand und die Bucht mit den wunderschönen Schnorchelmöglichkeiten zählen zweifelsfrei zu den besten, die auf beiden Inseln zu finden sind!

Der malayische Resort Manager »Sir Ramli« (er spricht sogar ein wenig Deutsch!) achtet sehr auf die Erhaltung der Natur, pflanzt auf der Anlage Früchtebäume, Sträucher und Blumen und kümmert sich erfolgreich um eine sinnvolle Müllbeseitigung.

Die anderen kleinen Anlagen (Chalets und A-Frames) sind preislich günstiger, bieten jedoch nur recht spartanische Unterkünfte. Die Preise liegen dort zwischen MS$ 10,— und 40,— pro Nacht.

Tauchen

Dem Perhentian-Island-Resort ist eine gut geführte Tauchschule, Steffen Sea Sports, angeschlossen. Sie verfügt über neues, modernes Tauchequipment, BAUER Kompressoren und die schnellsten Tauchboote (für jeweils 6 Taucher), die ich in Malaysia gesehen habe.

Guter Service hat seinen Preis:
1 Tauchtag mit zwei Tauchgängen kosten inkl. Ausrüstung MS$ 195,— (ohne Ausrüstung MS$ 165,—).

Ein Anfängerkurs nach NAUI Richtlinien kostet MS$ 800,—. Das ist wiederum günstig. Der Anfängerkurs zum Open Water Diver beinhaltet 10 Ausbildungsstunden. Da ein Tauchanfänger in der Regel nach vier Stunden Tauchausbildung in der Lagune an den Bootsausfahrten teilnehmen kann, zählt der Preis für einen Open Water Kurs zu den attraktivsten Angeboten, die an der Ostküste zu finden sind.

Kota Bahru

Hotels

Eines der besten Hotels in Kota Bahru ist das Perdana Hotel, das genau gegenüber dem Cultural Centre liegt:
Perdana Hotel, Jalan Mahmud, P.O.Box 222, 15200 Kota Bahru, Tel.: 09/785 000, Fax: 09/747 621, Zimmerpreise ab MS$ 145,—.

Ein zweckmäßiges Hotel mit gutem Preis-Leistungs Verhältnis liegt in direkter Nähe vom Central Market. Das Tem-

menggong Hotel bietet großzügig eingerichtete Deluxe Zimmer für MS$ 85,— pro Nacht an.
Temenggong Hotel, Jalan Tok Hakim, 15000 Kota Bahru,
Tel.: 09/783844/783481/783130.

Tioman

Anreise und Abreise

Mit dem Flugzeug

Von/nach Kuala Lumpur täglich mit Pelangi Air. Flugzeit 70 min. Preis: MS$ 100,—.
Von/nach Singapore täglich mit Pelangi Air. Flugzeit 40 min. Preis MS$ 95,—.

Neu: Flugverbindungen zwischen Kuantan und Tioman für MS$ 60,—.
Tickets können direkt am Flugplatz auf Tioman gebucht werden.

Office der Pelangi Air über Inter Pacific Leisure in Kuala Lumpur,
Tel.: 03/2411395, Fax: 03/2411576; über Silk Air/Singapore Airlines in Singapore, Tel.: 02/2212221, Fax: 02/2227028.

Mit dem Schiff

Von Merssing gehen täglich Boote nach Tioman. Die Hydrofoil Luftkissenboote benötigen für die 43 Seemeilen etwa 1,5 Stunden. Preis: MS$ 25,— für eine Fahrt. Die Abfahrtszeiten von Mersing nach Bedarf bis 15.00 Uhr. Abfahrtzeiten von Tioman am frühen Morgen. Speedboote um 8.00 Uhr.
Von Mersing bis nach Singapore sind es auf dem Landweg 161 km – Fahrzeit 2,5 Stunden, bis nach Kuala Lumpur 467 km – Fahrzeit 5,5 Stunden.
Zwischen Tioman und Singapore, World Trade Centre gibt es einen täglichen Katamaran-(Quick Silver) Transferservice. Entfernung 122 Seemeilen, Fahrzeit 4,5 Stunden, Fahrtpreis MS$ 75,—. Reservierungen: Resort Cruises in Singapore, Tel.: 02/7335488, Fax: 02/7335487.

Unterkünfte

Salang

Ein großer Teil der linken Buchthälfte ist von Bidin's Bungalows besetzt. Die Bungalows, teilweise zweistöckig, kosten pro Zimmer zwischen 25,— und 60,— MS$. Dort befindet sich auch ein schon fast zu großes Restaurant, das eine Kapazität für 215 Personen(!) aufweist und dem täglichen Ansturm mit langen Wartezeiten begegnet. Mittlerweile ist auch die nach Norden anschließende Bucht mit ansprechenden Bungalows bebaut, doch gibt es hier keinen Badestrand!
Die rechte Seite der Bucht wird von Zaid's Place beherrscht. Er besitzt eine kleine Reihe A-Frames, Dormitories und einzelstehende Bungalows, die sich bis zum Berg hinaufziehen. Die moderaten Preise liegen zwischen 15,— und 50,— MS$. Wer eines der »Hill Chalets« belegt, genießt einen phantastischen Blick über die gesamte Salang-Bucht. Allerdings reicht der Wasserdruck dort nicht immer aus, um das tägliche Duschen erfolgreich zu beenden.
In der Mitte der Bucht stehen »Nora´s Chalets« am Strand. Sie unterhält zusätzlich ein kleines Restaurant mit schmackhaften malayischen Gerichten. Rückwärtig mußte der schönste Palmen-

hain einer neuen kleinen Bungalowsiedlung (Kalid's Place) weichen. Dort staut sich die Hitze und es ist in den ohnehin sehr kleinen Behausungen kaum auszuhalten. Die völlig überzogenen Preise schwanken, wie übrigens in den anderen Anlagen auch, je nach Verfügbarkeit, zwischen 15,— und 80,—(!) MS$.

Lia's Place besteht aus zwei »Reihenhäuschen, die parallel zur Bucht gebaut sind und von der Terrasse einen idyllischen Blick auf den Strand und das Meer gewähren.

In der Salang Bucht gibt es eine Reihe kleinerer »Restaurants« mit malayischer Küche, die täglich frischen Fisch servieren. Es empfiehlt sich allerdings, das abendliche Menue schon frühzeitig am Tage zu bestellen. Die Preise für das Essen liegen zwischen 4,— und 15,— MS$ pro Mahlzeit. Während Softdrinks und leckere Fruchtsäfte sich im erschwinglichen Bereich bewegen (1,— bis 2,— MS$), muß für Bier tief in die Tasche gegriffen werden (mind. 5,— MS$).

Tauchschule

Ben's Diving Center unternimmt tägliche Ausfahrten zu den umliegenden Riffen. Sie starten vormittags und beinhalten zwei Tauchgänge sowie eine Mittagspause. Ein Lunchpaket ist nicht inbegriffen. Ein Tauchtag kostet 120,— MS$. Für die Leihausrüstung werden 80,— MS$ berechnet. Die Tauchschule wird von Ben´s Sohn Zainal, der sich der Einfachheit halber auch Ben nennt, und seiner Schwester Undine geleitet. In der Regel helfen noch zwei weitere Divemaster oder Tauchlehrer während der Saison aus.

Ausbildungen finden nach den PADI Richtlinien statt. Open Water Kurse kosten 250,— US$ und der Advanced Open Water 190,— US$. Eine Schnorchelausrüstung kann man für 20,— MS$ entleihen, wenn mind. 50 MS$ Deposit hinterlegt werden.

»Vater Ben« selbst wohnt am Air Batang Beach, wo er seine kleine Bungalowanlage mit schönen und gepflegten Bungalows nach dem Namen seiner Frau »Siti Cottage« benannt hat. (Preise bei 50,— MS$ pro Bungalow) Von dort gibt es einen Transferservice für Taucher zur/ von der Tauchschule in Salang.

Tekek

An der großen Tekek-Bucht liegt das Tioman Beach Resort. In der für Tioman riesigen Anlage scheint alles etwas überdimensioniert. Es gibt insgesamt 380 Zimmer unterschiedlicher Kategorien, zwei Suiten, die auf der Kuppe eines Felsvorsprunges in einem hochherrschaftlichen Haus untergebracht sind, vier Restaurants, Swimmingpool, Golfplatz und vieles mehr. Die Gäste werden in sterilen Elektrofahrzeugen befördert, und zur Suitenvilla führt eine aus der Schweiz importierte Kabelbahn hinauf. Dem Maß an Exklusivität gleichen sich auch die Preise an. Um einen ungefähren Eindruck zu vermitteln, sei nur der Preis einer 1-l-Wasserflasche aufgeführt, die für »nur« 9,— MS$ zu haben ist. Auf Komfort und Luxus bedachte Taucher finden in dieser Anlage ein rundum breites Angebot und die qualitativ besten Voraussetzungen zum Tauchen mit geordneten und zuverlässigen Ausfahrten.

Tauchschule

Die Tauchschule befindet sich im Boots-haus und verfügt stets über neuestes Equipment, einen Schulungsraum und schnelle Speedboote für die täglichen Tauchausfahrten. Je nach Belieben kön-nen bei den Ausfahrten ein oder zwei Tauchgänge absolviert werden. Die Aus-fahrten starten täglich um 8.30 Uhr für zwei Tauchgänge, und um 9.00 Uhr oder 14.00 Uhr für je einen Tauchgang. Nachttauchgänge finden auf Anfrage statt. Die Kosten belaufen sich auf MS$ 105,— pro Tauchgang und auf MS$ 190,— für Ausfahrten mit zwei Tauch-gängen. Das gesamte Equipment ist in-klusive. Nach PADI-Richtlinien werden alle Tauchkurse bis zum Divemaster durchgeführt.

Adressen

Tioman-Beach-Resort: Pulau Tioman, P.O. Box 4, 86807 Mersing, Johor, Malaysia, Tel.: 09/4145445, Fax: 09 4145718;
Corporate Office: Level 19, Shahzan Prudential Tower, 30 Jalan Sultan Ismail, 50250 Kuala Lumpur, Malaysia, Tel.: 03/2429611, Fax: 03/2442527;
Singapore Office: 1-09/10 Orchard Towers, 400 Orchard Road, Singapore 0923, Tel.: 02/7335489, Fax: 02/7335487.

Für den Japanreisenden die Adresse in Tokio:
MAC Marketing Service Co., Ltd. Imar Building 4F, 1-3-11, Azabujuban, Minato-Ku, 106 Tokyo, Japan, Tel.: 813/35854870, Fax: 813/35854819

Frankreich Office:
79 Avenue Docteur Arnold Hether, 75012 Paris, France, Tel.: 33/144574032, Fax.: 33/144874404

Pulau Redang

Anreise und Abreise

Der beste Weg nach Pulau Redang führt über Kuala Trengganu, oder die beiden kleinen Fischerdörfer Kuala Besut und Marang. Fahrtdauer und Preise: von Trengganu 3 Std., MS$ 50,—, von Kua-la Besut 1 Std. 45 Min, MS$ 40,—, und von Marang 1 Std., MS$ 30,—.

Unterkunft

Ein Ressort auf Pulau Redang, Redang Bay Resort, Tel.: 09/636048, Fax: 09/628190.
ACHTUNG: Die Übernachtungen müs-sen beim Departement angemeldet werden!

Tauchen

Eine Tauchschule im Redang Bay Resort. Weitere Taucharrangements von Kuala Lumpur aus:
Sea Divers, Tel.: 03/9855201, Fax: 03/9855202;
Hooks & Tanks, Tel.: 03/2614239, Fax: 03:2426970;
Peninsular Divers, Tel.: 03/4429901, Fax: 03/4429894;
Camping Holidays, Tel.: 03/7178935.

Mehrtägige Liveaboard Fahrten bietet Meridien Dive Cruise mit dem Meridien Princess Boot an, Tel.: 03/2303366, Fax: 03:2306633.

Weitere Informationen über Pulau Redang Marine Parks Malaysia, Kuala Trengganu, Tel.: 09/623246; Fisheries Headquarter, Kuala Lumpur, Tel.: 03/2982011.

Kapas

An und Abreise

Von Marang dauert die Bootsfahrt 30 min und kostet MS$ 15,—.

Unterkunft

Kapas Island Resort, einfache Hütten und A-Frames, MS$ 10,— bis MS$ 28,—

Informationen und Buchung

Kapas Island Resort, 21600 Kampong Marang, Trengganu, Tel.: 09/632989.

Tenggol

Allgemeine Infos

Tagestouren nach Tenggol vom Hafen in Kuala Dungun mit Fischerbooten. Die Preise müssen ausgehandelt werden. Folgende Hotels bieten Tagestouren an (Zimmer, Zimmerpreise):

Tanjong Jara Beach Resort, 23000 Kuala Dungun, Terengganu, Tel.: 09/841801 (mit Tauchen!), 100 Zimmer, ab MS$ 180,—; Rantau Abang Visitors Centre, 23009 Kuala Dungun, Terengganu, Tel.: 09/841533, 10 Bungalows, ab MS$ 60,—; Merantau Inn, Kuala Abang, 23009 Kuala Dungun, Terengganu, Tel.: 09/841131, 17 Bungalows, ab MS$ 35,—.

Zu den Inseln können auch Packagetouren gebucht werden: WLO Travel Air Cargo, C/O Hotel Pantai Primula, Jalan Persinggahan, 20400 Kuala Terengganu, Tel.: 09/635844. Tagestour nach Kapas MS$ 50,—,. (Die hoteleigene Tauchschule war 1993 gerade nicht in Betrieb!) Ria Holidays, 2243,Ground Floor, Wisma MCIS, Jalan Sultan Zainal Abidin, 20000 Kuala Terengganu, Tel.: 09/620998. Schnorcheltour nach Kapas, MS$ 50,—. Perpel Terengganu, Arked Wisma Maju Jalan Sultan Ismail, 20200 Kuala Terengganu, Tel.: 09/622700/-636626/-624317. Mehrtägige Tauchtouren inklusive Tauchen. Preise und Ablauf auf Anfrage.

Ab/an Kuala Lumpur: Fame Tours & Travel, Nr. 10, Lower Ground Floor, Pernas Int. Building, Jalan Sultan Ismail, 50250 Kuala Lumpur, Tel.: 03/2613317. *Angebot:* Neun Tage/acht Nächte, inkl. Tauchen, Vollpension und Unterkunft MS $ 2822,— Nichttaucher MS$ 542,—. Asian Overland Services, 35-M, Jalan De-

wan Sulaiman Satu, 50300 Kuala Lumpur, Tel.: 03 2925622.

Angebot: Vier Tage/drei Nächte Redang und Tenggol. Fahrten und Preise auf Anfrage.

Pulau Sibu und umliegende Inseln

Anreise und Abreise

Pulau Sibu und die umliegenden Inseln können in 2–3 Bootsstunden von dem kleinen Fischerort Mersing (siehe auch Infoteil Tioman) erreicht werden. Der Fahrtpreis beträgt je nach Insel MS$ 15,— bis 25,— für Hin- und Rückfahrt.

Unterkunft

Pulau Besar
Radin´s Island Resort, einfache Bungalows, Doppelbungalows und A-Frames, MS$ 20,— bis 45,—.

Informationen und Buchung: Radin's Island Resort, Nr. 9, Tourist Information, Jalan Abu Bakar, 86800 Mersing, Johor, Tel.: 07/793124.

Das Hillside Strandressort gleicht einem malayischen Dorf und liegt am Fuße der Inselberge. Drei-Tagespakete inklusive Halbpension und Transfers kosten pro Person im Zweibettzimmer MS$ 200,— (an Wochenenden MS$ 220,—), im Dreibettzimmer MS$ 180 (190) und im Vierbettzimmer MS$ 170,— (185,—).

Informationen und Buchung: Hillside Beach Resort, Suite 125, 1st Floor, Johor Tower, 15, Jalan Gereja, 80100 Johor Bahru, Johor, Tel.: 07/236603/-244329

Pulau Tinggi
Auf Pulau Tinggi gibt es nur private Unterkünfte, alle sehr rustikal und einfach.

Information und Buchung: Smailing Island Resort, 2nd Floor, Tun Razak Komplex, Jalan Wang Ah Foog, 80000 Johor Bahru, Johor, Tel.: 07/231694/-245977.

Pulau Sibu
Sea Gipsy Village Resort,
Tel.: 07/793125, 27 Bungalows, ab MS$ 28,—.
Das Sea Gipsy Village ist die beste Adresse für Taucher.
Sibu Island Cabanas, Tel.: 07/317216, 16 Bungalows, ab MS$ 25,—.
Twin Beach Resort, eine ansprechende, aber teure Anlage, aktuelle Preise in Mersing erfragen.

Informationen und Buchung für Pulau Sibu:
Tourist Information Centre, Nr. 9,
Jalan Abu Bakar, 86800 Mersing, Johor, Tel.: 07/793124.
G 105, Holiday Plaza, Century Garden, 80250 Johor Bahru, Johor,
Tel.: 07/317216.

Pulau Rawa
Rawa Island Resort, Bungalows mit je vier Doppelzimmern – alle mit eigener Dusche/WC und Terrasse, Preise ab MS$ 60,—. Rechtzeitig vorausbuchen!

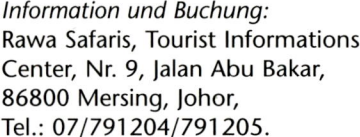

Information und Buchung:
Rawa Safaris, Tourist Informations Center, Nr. 9, Jalan Abu Bakar, 86800 Mersing, Johor, Tel.: 07/791204/791205.

Pulau Tengah
(Sibu Tengah Island)

Sibu Island Resort,
Tel.: 07/317216/311920,
23 Bungalows, ab MS$ 50,—.
Pirate´s Bay Island Resort,
Tel.: 07/762042, einfache Bungalows, ab MS$ 45,— pro Person inkl. Frühstück.

Informationen und Buchung:
Office in Johor Bahru, Suite 243, Johor Tower, Nr. 15, Jalan Gereja, 80100 Johor Bahru, Johor, Tel.: 07/241911. Office in Mersing, Tourist Information Centre, Counter 6, Jalan Abu Bakar, 83800 Mersing, Johor, Tel.: 07 793761.

Tunku Abdul Rahman Nationalpark

Anreise

Ausgangspunkt ist stets Kota Kinnabalu. Kota Kinnabalu ist per Inlandsflug mit der Malaysian Airline System von allen Inlandsflughäfen über Kuala Lumpur zu erreichen.
Von Kota Kinnabalu aus sind es nur wenige Autominuten zur Küste.
Von der Marina des Tanjung Aru Beach Hotels fahren stündlich Boote zu den Inseln des Tunku Abdul Rahman Nationalpark.

Hotels

Eines der schönsten Hotels Malaysias liegt an der Küste bei Kota Kinnabalu: das Tanjung Aru Beach Hotel. Es gehört zu Shangri-La Hotelgruppe und bietet neben dem unvergleichlichem Komfort viel fernöstliches Flair. Für einen Aufenthalt in Kota Kinnabalu also fast ein »Muß«, dort ein paar Tage abzusteigen. Der Luxus hat allerdings auch seinen Preis. So kosten die geschmackvoll asiatisch eingerichteten Zimmer zwischen MS$ 340,— und MS$ 1250,—. Adresse: Tanjung Aru Beach Hotel, Locked Bag 174, 88999 Kota Kinnabalu, Tel.: 088/58711, 254 Zimmer, MS$ 340,— bis 1250,—.

Weitere Hotels in Kota Kinnabalu:
Hyatt Kinnabalu Int., Jalan Salleh Sulong, Locked Bag 147, 88994 Kota Kinnabalu, Tel.: 088/221234,
315 Zimmer, MS$ 260,— bis 1250,—.
Palace Hotel, 1. Jalan Tangi, Karamunsing, Kota Kinnabalu, Tel.: 088/211911, 160 Zimmer, MS$ 142,— bis 258,—.
Hotel Shangri-La, Bandaran Berjaya, P.O.Box 11718, Tel.: 088/212800, 125 Zimmer, MS$ 130,— bis 380,—.

Unterkünfte im TARP:
Taucher, die es gerne etwas rustikaler mögen und spartanische Unterkünfte nicht scheuen, können sich auch direkt auf einer der Inseln einquartieren. Das erfordert eine Vorausbuchung im Park Office in Kota Kinnabalu. Adresse: Sabah Parks, Lot 3. Block K. Sinsuran Complex, P.O.Box 10626, 88806 Kota Kinnabalu, Sabah, Tel.: 088/211881/-211652/-211685, Fax: 088/221001.
Dort können die neuesten Informatio-

nen über den aktuellen Stand der Bebauung der Inseln eingeholt werden.
Auf Pulau Manukan gibt es eine Ressortanlage mit 20 Chalets, die am Wochenende MS$ 200,— und an Wochentagen MS$ 140,— pro Zimmer und Übernachtung kosten. Zur Anlage gehören ein Restaurant, ein Swimming-Pool sowie diverse Sportanlagen.

Tauchen

Im Tanjung Aru Beach Resort unterhalten die Borneo Divers ein Office, Tel.: 222624.
Die Tauchausfahrten starten von der Marina des Tanjung Aru Beach Resorts. Von dort aus erreicht man in wenigen Bootsminuten die Tauchplätze des TARP. Tauchausfahrten werden mit einem und mit zwei Tagen angeboten. Die Kosten dafür belaufen sich auf US$ 40,— bzw. US$ 70,—.
Für weitere Freizeitaktivitäten hält der Touroperator Tanjung Aru Tours & Travel Sdn Bhd ein großes Angebot bereit. Es können Tagesausflüge, Bootscharter, Ausfahrten mit einem Glasbodenboot sowie viele Trips auf Borneo gebucht werden. Das Office befindet sich im Tanjung Aru Beach Hotel.

Labuan Island

Anreise und Abreise

Boottransfers bestehen nach Bandar Seri Begawan für 20,— MS$, nach Menumbok für 8,— MS$ und nach Sipitang für 12,— MS$.

Flüge gibt es nach Lawas für 31,— MS$, Kota Kinnabalu 43,— MS$, Miri 57,— MS$, Bintulu 96,— MS$, Sibu 130,— MS$ und nach Kuching für 173,— MS$.

Unterkünfte und Hotels in Victoria

Das erste Hotel am Platze ist das Labuan Hotel****, Jalan Merdeka, Tel.: 87/412502.
Weitere Hotels: Emas Labuan Hotel****, 27–30 Jalan Muhibah, Tel.: 87/413966.
Kim Soon Lee Hotel***, 141–2 Jalan Okk Awang Besar, Tel.: 87/42554.
Victoria Hotel***, Jalan Tun Mustapha, Tel.: 87/42411.

Tauchschule

Borneo Divers, No.359, Jalan Tanjung Purun, 87007 Labuan F.T., Tel.: 87/415867, Fax: 87/413454.
Die Borneo Divers fahren mit schnellen Fiberglasbooten zu den Tauchplätzen. Kosten belaufen sich auf US$ 40,— für einen und US$ 70,— für zwei Tauchgänge. Die Preise beinhalten Boot, Flasche, Blei, Guide und freie Softdrinks sowie die Transfers auf Labuan. Leihausrüstung kostet je 10,— MS$ für Lungenautomat, BCD und ABC Ausrüstung.

Layang Layang und Umgebung

Das Tauchrevier um Layang Layang ist nur mit Kreuzfahrtschiffen zu erreichen. Es werden stets mehrtägige Tauchtörns unternommen. Das Angebot beginnt bei sechs Tagen und fünf Nächten und reicht bis zu zehntägigen Ausfahrten. Ausgangs- und Endpunkt der Tauchkreuzfahrten ist Kota Kinnabalu.

Tauchkreuzfahrten mit dem Motorschiff »Spirit of Borneo«

Ausstattung: 40 m Schiff, 10 Doppelkabinen, 1 Suite, Große Lounge mit TV, Video- und Stereoanlage, Eßsaal für 24 Personen, Bar, komplett klimatisiert, voll ausgerüstete Tauchschule an Bord. Besonders hervorzuheben: Neben dem tadellos und unkompliziert agierenden Tauchbetrieb steht ein E6 Entwicklungslabor zur Verfügung, das vom Tauchlehrer selbst betrieben wird. Für den Unterwasserfotografen eine wertvolle Hilfe zur sofortigen Auswertung seiner Bilder. Weiterhin tauchen die bekannten Unterwasserfotografen Paul Human und Carl Roessler öfters von der Spirit of Borneo aus und können wertvolle Tips zur Unterwasserfotografie vermitteln.
Preise: 7 Tage Tauchkreuzfahrt kosten 1295,— US$.
Buchungen: in Deutschland: GAMO Reisen, Tel.: 08158/3236, Fax: 08158/3358.

Tauchkreuzfahrten mit der M.V. Coral Topaz

Ausstattung: 50-m-Schiff, klimatisierte Zwei- und Vierbettkabinen, Windsurf-, Wasserski- und Segelmöglichkeiten, großer Salon und Eßraum mit asiatischem Flair, zwei Bars, drei Lounges, Video und einmalig: auf der Coral Topaz wird ein Wäscherei-Service angeboten!
Preise: 5 Nächte/6 Tage kosten US$ 998,—, 7 Nächte/8 Tage 1230,— US$ und 9 Tage/8 Nächte 1350,— US$.

1994 lief die Coral Topaz von April bis Juli nur zu achttägigen Törns aus.
Kontaktadresse und Reservierungen: Coral Island Cruises, G-19, Ground Floor, Wisma Sabah, P.O.Box 14527, 88851 Kota Kinnabalu, Sabah, Malaysia, Tel.: 088/0223490, Fax 088/223404, Hyatt Counter: 088/221234 Ext 2093.

Beide Schiffe kreuzen in der Zeit des Süd-West-Monsuns vor der Ostseite Borneos und laufen die um Sipadan gelegenen Riffe und Inseln an.

Sipadan

Anreise und Abreise

MAS Flug von Sandakan für etwa 50,— MS$ oder Busfahrt von Tawau in 1,5 Std für MS$ 3,— nach Semporna. Von dort kann Sipadan in einer Stunde mit dem Speedboot erreicht werden. Die Rückreise geht ebenfalls wieder über Semporna und von dort aus je nach Reiseziel weiter.

Unterkunft

Auf Sipadan stehen kleine, einfache A-Frame Hütten. Die gemeinschaftlichen sanitären Anlagen befinden sich hinter den Hütten. Sie wurden 1994 neu errichtet. Das Wasser – es gibt sogar Warmwasser! – läuft über eine Meerwasserentsalzungsanlage, ist aber nicht zum Trinken geeignet. Zum damaligen Zeitpunkt war die Renovierung der Unterkünfte in Planung. Einige Hütten liegen

sehr dicht am Meer, so daß bei Flut die Treppen der Terrassen von den Wellen umspült werden. Viele Gäste fanden das sehr romantisch. Das Essen findet in einem großen Gemeinschaftshaus statt, das zugleich die Bar und den abendlichen Treffpunkt darstellt.
Elektrizität: 110 V und 240 V Wechselstrom. Adapter müssen selbst mitgebracht werden.

Tauchen

Borneo Divers bietet täglich drei Boottauchgänge an (max. Anfahrt 10 min). Zusätzlich können im Rahmen des non-limit-Tauchens Hausriff- und Nachttauchgänge in eigener Regie gemacht werden. Dazu bedarf es lediglich eines Eintrags auf einem ausgehängten Schild zur Abmeldung. Nach dem Tauchgang trägt man sich dort wieder aus und gewährt so der Tauchschule den besten Überblick, ob alle Taucher wieder an Land gekommen sind.
Für die Kameraausrüstungen stehen von der Tauchausrüstung getrennte Spülbecken zur Verfügung. Die Borneo Divers bieten keine Anfängerausbildung, dafür aber PADI Advanced und Specialty Kurse an.
Preise: Die Tauchpreise werden in der Regel direkt ab Kota Kinnabalu berechnet und beinhalten den kompletten Service direkt ab dem Flughafen. Für Nichttaucher gelten 10 %. Nachlaß auf die ausgeschriebenen Preise. Weitere 10 % können in der Nebensaison eingespart werden.

2 Tage/eine Übernachtung US$ 550,—
3 Tage/2 Übernachtungen US$ 660,—
4 Tage/3 Übernachtungen US$ 770,—
5 Tage/4 Übernachtungen US$ 880,—
Verlängerungstag US$ 110,—

Einzelzimmerzuschlag: 60 % der o.a. Preise. Das ist hart für Einzelreisende! Es besteht jedoch die Möglichkeit eines »halben Doppelzimmers«.
Unter der Berücksichtigung jedoch, daß mit diesen Geldern das Projekt zum Schutz der Meeresschildkröten subventioniert wird und die Tauchplätze wirklich spektakulär sind, scheinen die Preise durchaus gerechtfertigt.

Adressen:
Borneo Divers, Room 401, 4th Floor, Wisma Sabah, 88000 Kota Kinnabalu, Tel.: 088/222226, Fax: 088/221 550. Dive Shop: Gleiches Gebäude wie o.a. Ground Floor G7. Weitere Büros in Labuan und Tawau, TB 46, Jalan Dunlop, Tel.: 089/761259, Fax: 089/761691.

Auf Sipadan gibt es eine zweite Tauchschule, die ihr Office ebenfalls in Kota Kinnabalu unterhält:
Sipadan Dive Centre Sdn.Bhd., A1026, 10th Floor, Wisma Merdeka, Tun Razak, 88000 Kota Kinnabalu, Sabah, Malaysia, Tel.: 088/240584, Fax: 088/240415.
Ausgangspunkt der Tauchtouren nach Sipadan ist meistens Kota Kinnabalu, Tawau, Sandakan oder Semporna.

Hotels in Kota Kinnabalu

Tanjung Aru Beach Hotel, Locked Bag 174, 88999 Kota Kinnabalu, Tel.: 088/58711, 254 Zimmer, MS$ 340,— bis 1250,—.

Hyatt Kinnabalu Int., Jalan Salleh Sulong, Locked Bag 147, 88994 Kota Kinnabalu, Tel.: 088/221234, 315 Zimmer, MS$ 260,— bis 1250,—. Palace Hotel, 1. Jalan Tangi, Karamunsing, Kota Kinnabalu, Tel.: 088/211911, 160 Zimmer, MS$ 142,— bis 258,—. Hotel Shangri-La, Bandaran Berjaya, P.O.Box 11718, Tel.: 088/212800, 125 Zimmer, MS$ 130,— bis 380,—.

Hotels in Tawau

Marco Polo, P.O.Box 1003, Tawau, Tel.: 089/777988, 150 Zimmer, MS$ 125,— bis 1000,—. Royal Hotel, 177 Jalan Belian, Tawau, Tel.: 089/773100, 38 Zimmer, MS$ 65,— bis 75,—.

Tawau Hotel, 72/73 Chester St. P.O.Box 15, Tawau, Tel.: 089/771100, 34 Zimmer, MS$ 50,— bis 65,—.

Hotels in Sandakan

Sabah Hotel, P.O.Box 275, Sandakan, Tel.: 089/213299, 28 Zimmer, MS$ 160,— bis 250,—. Hotel Hsiang Garden, P.O.Box 82, 90007 Sandakan, Tel.: 089/273122, 55 Zimmer, MS$ 75,— bis 110,—.

Hotels in Semporna

Island View Hotel, P.O.Box 128, Kota Kinnabalu, Tel.: 088/78153, 8 Zimmer, MS$ 40,— bis 48,—.

Reiseführer leben von der Aktualität neuester Informationen. So konnte ich schon viele Hinweise von Tauchern auswerten, die mich während der Erarbeitung dieses Buches erreichten. Damit dieser Tauchreiseführer auch weiterhin auf dem jeweils aktuellsten Stand bleibt, bin ich für weitere Hinweise, Tips und neugewonnene Eindrücke jederzeit dankbar.
Zuschriften und Diamaterial, das ich einarbeiten kann, werden mit Namensnennung und einem Freiexemplar der neuesten Auflage honoriert. Bitte senden Sie Ihre Vorschläge an meine Adresse:
Christian Mietz
Am Hapberg 1 a
D-82347 Bernried
Fax: ++49 +81583358

Danksagung

Es ist mir ein Bedürfnis, den vielen Tauchern, die ich an den verschiedenen Orten in Malaysia traf, meinen Dank auszudrücken. Sie trugen durch die umfangreichen Schilderungen ihrer Eindrücke zum Gelingen dieses Werkes bei. Weiterhin möchte ich an dieser Stelle meinen Tauchpartnern, allen voran meiner Frau Monika, danken. Während sie meine Fotoarbeiten unter Wasser beobachteten, wurden sie oft auf eine besonders lange Geduldsprobe gestellt!

Mein Dank gilt auch den Tauchern, die mit ihren Zuschriften wertvolle, aktuelle Informationen lieferten. Viele konnte ich davon für dieses Buch gut verwerten. Besonders hervorheben möchte ich an dieser Stelle meinen Tauchgefährten Uwe Christensen, der mir nicht nur seitenlange Briefe schrieb, sondern darüber hinaus mir auf einer Reise seine komplette Kameraausrüstung zur Verfügung stellte, als meine eigene ausfiel.

Ich danke ferner meinem Freund »Sir Ramli«. Er gab mir viele interessante Reisetips im Land und unterstützte mich auf zahlreichen Dschungelexkursionen tatkräftig mit persönlichem Engagement bei meiner Fotoarbeit.

Meinen besonderen Dank richte ich an Dr. Klaus Becker, der mir bei der Bearbeitung der Kapitel »Streifzüge durch die Natur« stets beratend zur Seite stand.

Ich danke schließlich den Mitarbeitern des Naturbuch Verlages, die durch ihre erfrischenden Ideen zur gelungenen Verwirklichung dieses Buches beitrugen.

Literaturverzeichnis

Bertelsmann Lexikon – Tiere: Bertelsmann Lexikon Verlag, Gütersloh, 1992

Bärtels, A.: Farbatlas Tropenpflanzen, 2. Aufl., Ulmer, Stuttgart, 1993

Burgess, Warren E.: Atlas of Marine Aquarium Fishes, T.F.H. Publications Plaza, Neptune City, New Jersey, 1988

Ching/Yong: Malaysian Fruits in Colour, Tropical Press, Kuala Lumpur, 1987

Cubitt, G., Payne, J.: Malaysia, Naturbuch Verlag, Augsburg, 1994

Ehm, O. F.: Tauchen noch sicherer, 6. Aufl., Müller Rüschlikon, Cham, 1993

Fricke, Hans W.: Bericht aus dem Riff, Piper, München, 1976

Grüter, W.: Leben im Meer, Ott Verlag, Thun, 1990

Ho Soon Lin: Coral Reefs of Malaysia, Tropical Press, Kuala Lumpur, 1992

Holzapfel, R.: Richtig Tauchen, 6. Aufl., BLV, München, 1993

Homann, K. u. E.: Malaysia, BLV, München, 1992

Kellermann, B.: Reisen in Asien, Verlag Volk und Welt, Leipzig, 1975

Marinuzzi, Anna S.: Exotische Blumen, Albert Müller Verlag, Zürich, 1978

Masuda, H., Allen, G.: Meeresfische der Welt, Tetra Verlag, Melle , 1993

Mietz, Ch., Ippen, W.: Tropische Meeresfische, 2. Aufl., Naturbuch Verlag, Augsburg, 1993

Loose, Ramp, Schindler: Malaysia, 4. Aufl., Stefan Loose Verlag, Berlin, 1991

Löser, S.: Exotische Insekten, Ulmer, Stuttgart, 1991

Lötschert, W., Beese, G.: Pflanzen der Tropen, 2. Aufl., BLV, München, 1984

Lutterjohann, M.: Malayisch für Globetrotter, P.-Rump-Verlag, Bielefeld, 1990

Rolf, A.: Malaysia und Singapore, Dumont Kunstreiseführer, DuMont, Köln, 1988

Saunders, D.: Sporttauchen, BLV Sport, München 1989

Schuhmacher, H.: Korallenriffe, BLV, München, 1988

Straube, I.: Länderlexikon und Weltatlas, Fischer Taschenbuchverlag, München, 1978

Veron, J. E. N.: Corals of Australia and the Indo Pacific, Angus & Robertson, North Ryde, 1986

Wong, Michael P.: Sipadan, Odysseys Publishing, Singapore, 1991

Bildnachweis

Dr. Klaus Becker:
S. 2, 49, 55 unten, 58 Mitte, 59 unten, 60 oben und unten, 62, 66 Mitte rechts, 67 links unten, 108 oben rechts, 150 rechts

Sophie Listle: S. 10/11

Carl Roessler:
S. 11 unten, 95 unten, 96, 152, 153, 154 unten, 155 oben, 157 oben und unten, 158 oben rechts und links, 159 unten

Archiv MPP:
S. 45, 145, 146 rechts, 146 unten, 147

Günther Kettenring: S. 51 rechts oben

Ekkehardt Schwadtke: S. 51 unten

Th. Blümel:
S. 58 rechts oben, unten links und Mitte rechts, 121 oben und unten

J. Hinterkircher:
S. 72/73 außer rechts oben und 2. Reihe Mitte, 74 oben und Mitte, 75 oben und Mitte, 76 oben, unten links und rechts, 79 oben rechts und links, Mitte links, unten rechts, 80, 81 unten und Mitte, 90 unten, 93 Mitte, 100 oben, 102, 103, 104, 105, 106 unten links und oben rechts, 107 unten

Wolfgang Nagel: Titelbild, S. 93 unten

Uwe Christensen:
S. 110, 160, 161, 162 oben und unten, 163 oben, 164, 165, 166, 167 oben

Archiv Scubapro: Seite 13, 15, 16

Alle anderen: Christian Mietz

Ich bedanke mich bei den Bildautoren Sophie Listle, Carl Roessler, Dr. Klaus Becker, Ekkehardt Schwadtke, Günther Kettenring, Thomas Blümel, Josef Hinterkircher, Wolfgang Nagel und Uwe Christensen ganz herzlich für ihre Beiträge zu diesem Buch.   Christian Mietz, Bernried, im April 1995

Register

Weitere Tauchreiseführer aus dem Naturbuch Verlag

Ein Buch, auf das Taucher schon lange gewartet haben: Die schönsten Tauchplätze in ganz Deutschland

- Informationen zum Tauchen in unseren Gewässern mit Tauchbasen, Füllstationen, Genehmigungen;

- Ausgewählte Tauchplätze mit Karten und Besonderheiten;

- Natur über und unter Wasser mit Beschreibungen von seltenen Pflanzen und Tieren;

- Adressen, Tips und Wissenswertes.

- 300 Seiten, 300 Farbfotos

- ISBN 3-89440-167-2

Thailands Küsten und Korallenriffe zählen zu den beliebtesten Tauchregionen der Welt. Dieses Buch bietet Ihnen:

- Bekannte und neu entdeckte Tauchreviere;

- Die häufigsten Tiere der Unterwasserwelt Thailands;

- Beschreibungen von Pflanzen und Tieren des Landes;

- Eine Einführung in Geschichte, Religion und Kultur Thailands.

- 224 Seiten, 250 Farbfotos, Karten, Infoteil mit Adressen und einem speziellen Thai-Sprachführer

- ISBN 3-89440-138-9